La bicicletta – buen camino
Mit dem Fahrrad auf dem Jakobsweg

Wilfried Mast

La bicicletta –
buen camino

Mit dem Fahrrad auf dem Jakobsweg

Wilfried Mast

Ein Buch aus dem WAGNER VERLAG

Korrektorat: Marianne Glaßer
Umschlaggestaltung: Wagner Verlag GmbH

1. Auflage

ISBN: 978-3-86279-261-0

Bibliografische Information der Deutschen Nationalbibliothek:
Die Deutsche Nationalbibliothek verzeichnet diese Publikation in der
Deutschen Nationalbibliografie; detaillierte bibliografische Daten sind
im Internet über http://dnb.d-nb.de abrufbar.

Die Rechte für die deutsche Ausgabe liegen beim
Wagner Verlag GmbH,
Zum Wartturm 1, D-63571 Gelnhausen.
© 2011, by Wagner Verlag GmbH, Gelnhausen
Schreiben Sie? Wir suchen Autoren, die gelesen werden wollen.

Über dieses Buch können Sie auf unserer Seite www.wagner-verlag.de
mehr erfahren!
www.podbuch.de
www.buecher.tv
www.buch-bestellen.de
www.wagner-verlag.de/presse.php
www.facebook.com/meinverlag
Wir twittern ... www.twitter.com/wagnerverlag
Neue Bücher kosten überall gleich viel.

Das Werk ist einschließlich aller seiner Teile urheberrechtlich geschützt. Jede
Verwertung und Vervielfältigung des Werkes ist ohne Zustimmung des Verlages
unzulässig und strafbar. Alle Rechte, auch die des auszugsweisen Nachdrucks und
der Übersetzung, sind vorbehalten! Ohne ausdrückliche schriftliche Erlaubnis des
Verlages darf das Werk, auch nicht Teile daraus, weder reproduziert, übertragen
noch kopiert werden, wie zum Beispiel manuell oder mithilfe elektronischer und
mechanischer Systeme inklusive Fotokopieren, Bandaufzeichnung und
Datenspeicherung. Zuwiderhandlung verpflichtet zu Schadenersatz. Wagner Verlag
ist eine eingetragene Marke.
Alle im Buch enthaltenen Angaben, Ergebnisse usw. wurden vom Autor nach
bestem Wissen erstellt. Sie erfolgen ohne jegliche Verpflichtung oder Garantie des
Verlages. Er übernimmt deshalb keinerlei Verantwortung und Haftung für etwa
vorhandene Unrichtigkeiten.

Druck: dbusiness.de gmbh · 10409 Berlin

Inhalt

Biographie Wilfried Mast		9
Prolog		10
1. Etappe – Do., 23.4.2009	35 km	13
2. Etappe – Fr., 24.4.2009	90 km	15
3. Etappe – Sa., 25.4.2009	79 km	19
Aufenthalt – So., 26.4.2009		25
4. Etappe – Mo., 27.4.2009	69 km	27
5. Etappe – Di., 28.4.2009	55 km	32
6. Etappe – Mi., 29.4.2009	57 km	37
7. Etappe – Do., 30.4.2009	85 km	41
Aufenthalt – Fr., 01.5.2009		45
8. Etappe – Sa., 02.5.2009	140 km	48
9. Etappe – So., 03.5.2009	67 km	54
Aufenthalt – Mo., 4.5.2009		57
10. Etappe – Di., 5.5.2009	110 km	62
11. Etappe – Mi., 6.5.2009	59 km	67
12. Etappe – Do., 7.5.2009	79 km	70
13. Etappe – Fr., 8.5.2009	97 km	76
Aufenthalt – Sa., 9.5.2009		81
14. Etappe – Sa., 10.5.2009	70 km	86
Aufenthalt – Mo., 11.5.2009		89
15. Etappe – Di., 12.5.2009	80 km	93
16. Etappe – Mi., 13.5.2009	83 km	96
17. Etappe – Do., 14.5.2009	57 km	98
Epilog		102

Biographie Wilfried Mast

Der Autor wurde im Januar 1944 in Eschede/Lüneburger Heide geboren.
Mit Versetzung in die 11. Klasse verließ er das Gymnasium in Celle und absolvierte anschließend eine Ausbildung zum Industriekaufmann. Nach der Bundeswehrzeit hielt er sich eine Zeit lang zwecks Sprachausbildung in London auf.
Bis 1976 war er für verschiedene Firmen als angestellter Handelsvertreter tätig, u. a. in Hannover, Kassel und München. Auf Wunsch seiner Ehefrau verzog das Paar 1976 nach Harrislee/Flensburg. Dort begann er eine Tätigkeit in der Versicherungsbranche, zunächst im Angestelltenverhältnis, ab 1981 auf selbstständiger Basis. Diese dauerte bis zum Erreichen des 65. Lebensalters an.
Sportliche Aktivitäten begleiteten sein gesamtes Leben und werden als Best-Ager fortgeführt.

Prolog

Am Nachmittag des 06. September 2006 ist es passiert.
Ich befand mich auf einer Leiter in meinem Garten und habe Äste aus meinem üppigen Baumbestand ausgesägt. Plötzlich sackte die Leiter nach links und ich stürzte mit der linken Körperhälfte auf eine Beeteinfassung aus Beton. Bereits während des Fallens durchzuckte es mich: „Warum hast du die Leiter nicht umgesetzt? Dann würdest du nicht hier liegen!"
Nachdem ich auf den neben dem Grundstück verlaufenden Plattenweg gerollt war, wollte ich aufstehen. Das gelang mir nicht und ich wartete einige Minuten ab, um es dann erneut zu versuchen. Unmittelbar nach diesem Gedanken wurde ich bewusstlos. Irgendwann hatte ich das Gefühl, angesprochen zu werden und dass jemand auf mich einredete. Schemenhaft erkannte ich meine Nachbarin, die, wie sich später herausstellte, meine Schreie und mein Stöhnen gehört hatte. Sie informierte umgehend den Notarzt. Ich verlor wieder das Bewusstsein.
Am nächsten Morgen erwachte ich in einem Raum im Krankenhaus und wurde kurz danach in ein Krankenzimmer verlegt. Während der folgenden Visite gratulierte mir der leitende Arzt und sagte, dass ich enormes Glück gehabt hätte und dank meiner sportlichen Konstitution auch in Zukunft keinen Rollstuhl bräuchte. Seine Diagnose lautete: dreifache Fraktur der linken Hüfte, komplizierte Fraktur des Beckens, noch nicht definierbare Handgelenksverletzungen.
Der Krankenhausaufenthalt dauerte fünf Wochen an. Während dieser Zeit las ich unter anderem ein Buch über den Jakobsweg: „Ich bin dann mal weg". Wie viele andere Leser war

auch ich schwer beeindruckt und besorgte mir weitere Literatur über dieses Thema.

Im November 2006 war ich so weit, dass ich mir einen Hometrainer anschaffte und begann, nun auf diesem zu trainieren. Zunächst fuhr ich täglich einen Kilometer und steigerte mich kontinuierlich auf ein Tagespensum von vierzig Kilometern. Im März 2007 begann ich vorsichtig, mein Fahrrad von nun an auch wieder zusätzlich im Freien zu benutzen. Inzwischen war ich so fit, dass in mir der Gedanke aufkam, den Jakobsweg mit dem Fahrrad zu bewältigen. Bedingt durch den Unfall im September 2006 war ein Gehen oder Laufen über längere Entfernungen von nun an nicht mehr möglich. Also trainierte ich täglich weiter und begann mit der Planung, die Fahrt im April 2008 anzutreten.

Dieses Buch widme ich meiner Frau, die diese Welt am 24. Februar 1997 nach schwerer Krankheit verlassen hat. Ich danke ihr, dass ich fast 25 Jahre ihr Mann sein durfte.

> Wenn ich gestorben bin, singt keine traurigen Lieder.
> Pflanzt keinen Baum über meinem Grab.
> Ich will ruhen unter dem Rasen, den der Regen nässt und der Tau berührt.
> Lasst mich liegen.
> Wenn ihr wollt, erinnert euch, und wenn ihr wollt, vergesst.

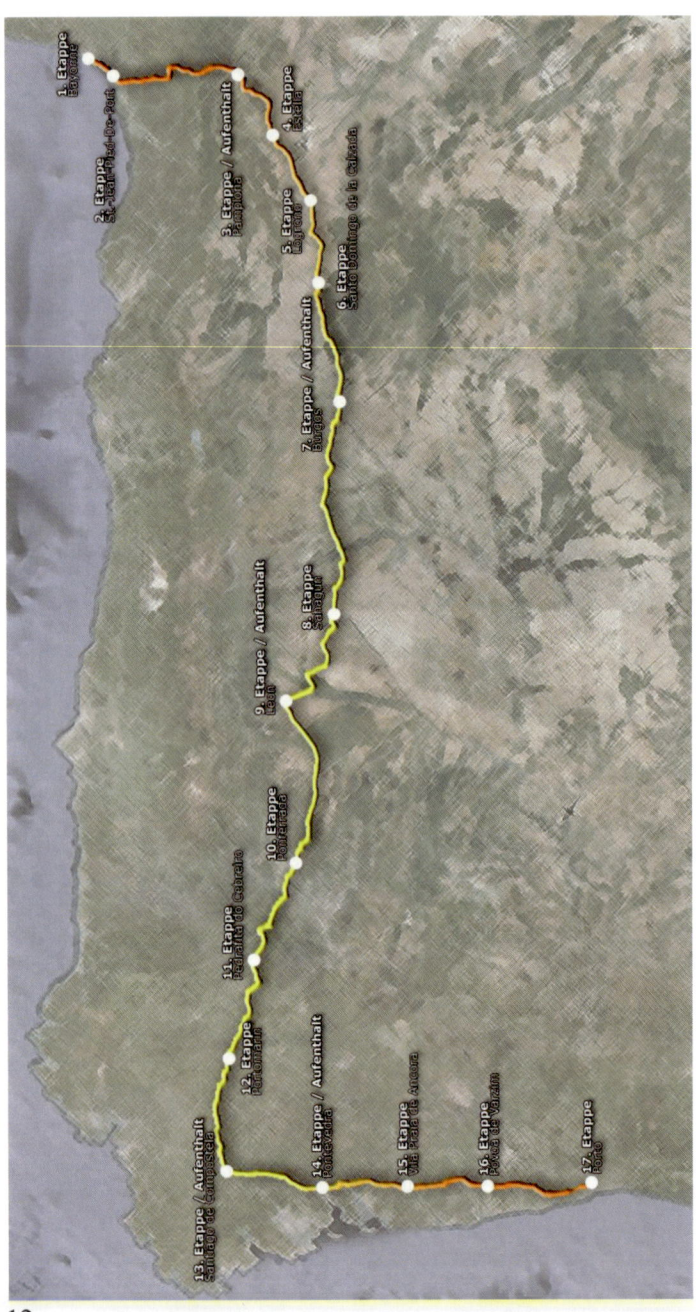

1. Etappe – Do., 23.4.2009 35 km

Harrislee – Hamburg – Lyon – Biarritz – Bayonne

„Alles beginnt mit der Sehnsucht."

Das gilt bestimmt für die vielen Menschen,
die auf der Suche nach neuen Erfahrungen
den Jakobsweg gehen oder fahren.
Wir möchten so manches einmal hinter uns
lassen – den alltäglichen Trubel, Dinge,
die uns belasten, sogar die so selbstverständlichen
Annehmlichkeiten des modernen Lebens.

Um 06.00 bin ich mit dem Zug nach Hamburg Hauptbahnhof und von dort mit der neuen S-Bahn zum Flughafen gefahren. Glücklicherweise bin ich bereits um 09.30 dort angekommen, um einen Fahrradkarton zu beschaffen, das Fahrrad teilweise umzubauen und zu verpacken. Am Tag zuvor hatte ich das Fahrrad zwecks einer Inspektion in die Werkstatt gegeben. Die freundlichen und zuverlässigen Werkstattmitarbeiter hatten gute und sorgfältige Arbeit geleistet und sämtliche Schrauben so angezogen, dass ich sie mit meinem Werkzeug nicht mehr lösen konnte. Ein freundlicher Mitarbeiter am Flugschalter sah meine Bemühungen und brachte mir ein Verlängerungsrohr für den Inbusschlüssel. Mit diesem Hilfsmittel gelang es mir, einen Teil der Schrauben zu lösen. Zusätzlich gab er mir eine Rolle Klebeband zum Verschließen des Kartons. Nachdem ich den Lenker in Längsrichtung verstellt und den Sattel abgebaut hatte, gelang es mir nicht, die Pedale abzuschrauben; sie waren zu fest angezogen und so blieben sie dran. Nachdem ich die Verpackungsprozedur beendet hatte, fragte mich ein Mitarbeiter der Gepäckaufgabe, ob ich die Luft aus den Reifen gelassen hätte. Das war natürlich nicht der Fall und so musste ich den Boden des Kartons wieder öffnen, um an die Ventile zu gelangen.

Bei sonnigem Wetter und guter Sicht startete meine Maschine um 12.45 und landete um 14.30 in Lyon. Der Anschlussflug verzögerte sich um eine Stunde, so dass ich erst gegen 17.45 in Biarritz ankam. Nun musste ich das Fahrrad auspacken, den Karton entsorgen, Luft wieder aufpumpen und bin dann nach Bayonne gefahren. Nach ca. 20 Kilometern kam ich dort an, fuhr in die Innenstadt und habe in der Fußgängerzone relativ schnell ein günstiges Hotel gefunden. Da die Temperatur noch sehr angenehm war, habe ich im Garten eines Restaurants eine Kleinigkeit gegessen und bin gegen 22.00 ins Hotel zurückgekehrt.

2. Etappe – Fr., 24.4.2009 90 km

Bayonne – St.-Jean-Pied-de-Port

Bei Bayonne handelt es sich um eine südwestfranzösische Kreisstadt im Departement Basses-Pyrénées und ehemalige Hauptstadt der französischen Teile des Baskenlands (Pays basque und Navarra). Hier fließen Nive und Adour zusammen und münden im Golf von Biscaya. Das berühmteste Bauwerk ist die Kathedrale (13.–16. Jahrhundert). Aus zeitlichen Gründen konnte ich sie jedoch nicht besichtigen.

Um 09.00 bin ich zum Bahnhof gefahren und musste leider feststellen, dass auf Grund von Gleisbauarbeiten kein Zugverkehr nach St.-Jean-Pied-de-Port möglich war. Als Ersatz wurde eine Busverbindung angeboten; die nächste Abfahrt war allerdings für 12.30 vorgesehen. Da ich nicht so lange warten wollte, fuhr ich mit dem Fahrrad los und hoffte, die von mir geschätzte Strecke von ungefähr 50 Kilometern leicht fahren zu können.
Ich war der Meinung, am Ufer der Nive entlangzufahren, geht doch der Verlauf aus den Pyrenäen kommend durch St.-Jean bis Bayonne. Nach ca. 20 Kilometern war der Fluss aber immer noch so breit wie die Elbe in Hamburg und ich bog daher zwecks Neuorientierung in den Ort Urt ein. Ich fuhr nun auf der Avenue Douare und mir wurde blitzartig bewusst, dass ich nicht an der Nive, sondern an der Douare entlanggefahren bin. An der Touristinformation von Urt habe ich einen Plan der hiesigen Region entdeckt und somit festgestellt, dass ich bereits einen erheblichen Umweg gemacht hatte. Mit Hilfe dieses Plans konnte ich nun die Richtung und Strecke nach St.-Jean genau einschätzen. Den Plan, schade für andere Touristen, habe ich von der Informationstafel abgenommen.

Nun fuhr ich durch eine hügelige Landschaft, rechts von mir war das Panorama der Pyrenäen ständig in Sichtweite. Die Strecke war geprägt durch bäuerliches Leben, Landwirtschaft, Viehzucht, Kühe, Schafe und auf den Feldern arbeitende Menschen. Leider hatte ich nicht daran gedacht, mich mit Getränken zu versorgen, denn es stellte sich heraus, dass bereits hier in der Zeit von 12.30 bis 16.30 das mir aus südlicheren Regionen bekannte Ritual der Siesta bestimmend ist. Insofern fand ich kein Restaurant, Geschäft oder Tankstelle, um mir Getränke zu besorgen. Allerdings wollte ich auch nicht auf das Wasser der zahlreichen Bäche zurückgreifen, da ein viel zu hoher Viehbestand vorherrschte. Auf den letzten 25 Kilometern bis St.-Jean habe ich die ständigen Steigungen nur noch schiebend bewältigt, meine Beine ließen ein Bergauffahren einfach nicht mehr zu. Endlich kurz vor St.-Jean entdeckte ich eine Tankstelle und ließ etwa eineinhalb Liter Wasser, das ich dort erstand, in mich hineinlaufen. Gegen 18.00 hatte ich völlig erschöpft St.-Jean erreicht und relativ schnell ein Hotel gefunden. Hier konnte ich sofort feststellen, dass Pilger heute noch wie in früheren Zeiten abkassiert werden. Das Hotel war uralt, seit mindestens 100 Jahren nicht renoviert, dafür aber viel zu teuer. Für das hier übliche Frühstück, eine Tasse Kaffee und ein Croissant, musste ich einen Aufpreis von € 9,-- bezahlen. Die Dame an der Rezeption war allerdings sehr freundlich und zuvorkommend. Nach ergiebigem Duschen und Ausruhen bin ich ins Pilgerbüro gegangen und habe dort den Pilgerpass und die Jakobsmuschel in Empfang genommen. Gegen 21.00 bin ich ins Hotel zurückgekehrt und habe eine Mahlzeit aus den zuvor eingekauften Lebensmitteln (Wurst, Schinken, Käse und Brot) eingenommen. Danach habe ich mich mit der nächsten

Etappe über den Ibañeta-Pass nach Pamplona beschäftigt, bin aber sehr schnell eingeschlafen.

St.-Jean-Pied-De-Port ist ein berühmter Wintersportort und bietet eine sehenswerte historische Altstadt. Man erkennt sofort, dass es sich um den Ausgangspunkt für die Pilger, die den Camino Français überwiegend gehend, aber auch radfahrend überwinden, handelt. Herbergen, Hotels und Restaurants sind zahlreich vorhanden.

Wetter: sonnig, überwiegend Rückenwind, ca. 20–22 Grad

24.04.09

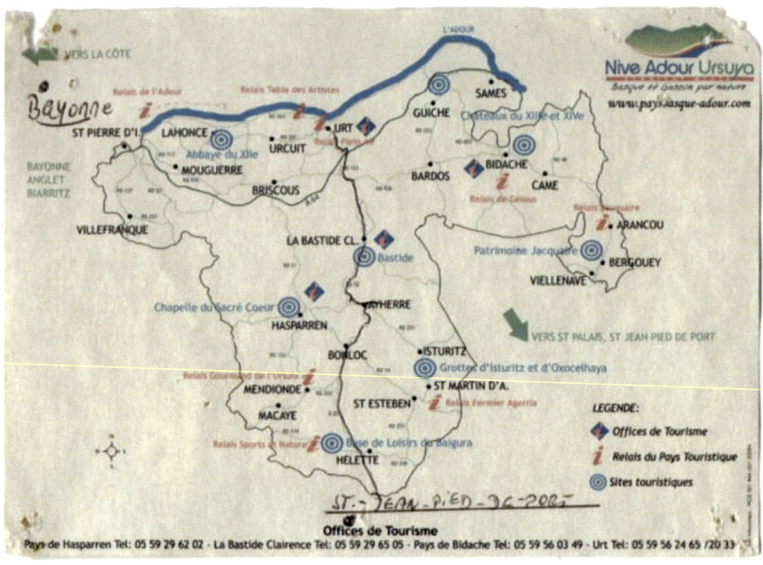

3. Etappe – Sa., 25.4.2009   79 km

St.-Jean – Arnéguy – Valcarlos – Ibañeta-Pass – Roncesvalles – Espinal-Aurizberri – Erro – Zubiri – Larrasoaña – Burlada – Pamplona

Bei leichtem Nieselregen startete ich kurz nach 08.00 in St.-Jean. Nach wenigen Minuten hörte der Regen auf und es ging zunächst am Ufer der Petite Nive bergan. Bis Arnéguy folgten noch einige Steigungen, die aber leicht zu bewältigen waren. Nach neun Kilometern hatte ich die spanische Grenze, die mitten durch Arnéguy verläuft, erreicht. Auf der Brücke über die Petite Nive machte ich die erste Rast und bemerkte viele Touristenbusse, die Richtung Frankreich fuhren. Am Ortsende sah ich drei junge Frauen mit ihren Fahrrädern am Straßenrand pausieren. Sie begrüßten mich mit einem fröhlichen „Buen Camino", dem obligatorischen Gruß sowohl der Fuß- als auch Radpilger, was sich im Verlauf der Strecke bis Santiago de Compostela bei fast jeder Begegnung wiederholte. Natürlich hielt ich an und in der anschließenden Unterhaltung stellte sich heraus, dass sie aus Australien kamen und den Jakobsweg ebenfalls bis Santiago de Compostela fahren wollten. Wir starteten gemeinsam dem Ibañeta-Pass entgegen. Jedoch nach ca. einem Kilometer konnte ich das Tempo nicht mehr mithalten, wollte aber auch meine Kräfte einteilen und hinter der nächsten Kurve waren die Frauen verschwunden. Nun folgte ein starker Anstieg bis Valcarlos, dem ersten spanischen Ort, und gleich hinter dem Ortsende stellte ich fest, dass Fahren zunächst nicht mehr möglich war; es war einfach zu steil und so ging es schiebend weiter.

Im Rahmen der Vorbereitung für diese Tour hatte ich das Buch einer englischen Journalistin gelesen. Sie hatte diese eben beschriebenen Steigungen auf den Pass hinauf bei starken Regenfällen und Gegenwind fahrend geschafft, indem sie christliche Lieder sang und der Glaube an Gott sie die Steigungen beinahe fliegend überwinden ließ. Mein Glaube an Gott hat mich auf dieser Strecke gewaltig im Stich gelassen.

Auf der Brücke über den Bach Chapitel legte ich eine Pause ein und traf auf eine holländische Fußpilgerin aus Limburg. Dabei fiel mir der Name eines holländischen Käses ein. Wir unterhielten uns kurz und nach einem „Buen Camino" ging es weiter bergan. Nun folgte eine Vielzahl von Kurven und Serpentinen, die kein Ende zu nehmen schienen. Nach der 50., 55. oder 60. Kurve war ich der Meinung, endlich den Pass erreicht zu haben; aber vergebens – also weiterschieben. Zwischendurch wurde ich von einigen Rennfahrern überholt, die kaum schneller fuhren, als ich schob. Inzwischen wurde es zunehmend kälter, so dass ich eine Jacke und Handschuhe überziehen musste. Der Nebel ging immer mehr in dichte Wolken über, die Landschaft fand überhaupt keine Beachtung mehr. Gegen 12.45 war ich so geschafft, dass ich eine längere Pause einlegen musste. Plötzlich sah ich einen aus einem Seitenweg kommenden Radfahrer, den ich an seiner leuchtenden Bekleidung wiedererkannte. Hatte er mich doch während des Schiebens, zwar quälend, aber auf dem Sattel sitzend, überholt. In den Wolkenschwaden vor mir sah ich ihn plötzlich anhalten und bemerkte, dass er zu fotografieren begann. Nun blitzte es in mir auf. Es musste sich um die Passhöhe handeln! In der Tat, sie war es, denn schemenhaft konnte man das berühmte Rolandsdenkmal entdecken. Als ich dann das Schild „Ibañeta-Pass 1057 m" entdeckte, hielt ich an, ballte die Fäuste und schrie meine Freude lautstark heraus. Nach viereinhalb Stunden und 27 Kilometern, davon ca. 16 Kilometer schiebend, hatte ich den Pass erreicht. Die Temperatur hier oben betrug null Grad und es waren noch Schneereste zu sehen. Während der folgenden Pause machte ich einen Rundgang, besichtigte die leer stehende Kapelle und sah auch die Hinweisschilder für die Fußpilger. Nun ging es mit einer Geschwindigkeit von ca. 40 Stundenkilometern bergab – welche Wohltat – und nach zwei Kilometern hatte ich Roncesvalles erreicht. Vor dem Kloster traf ich wild gestikultierend die drei Mädels aus Australien wieder. Sie gaben mir den Tipp, dass es hier oben in einem Rasthof eine heiße Suppe gäbe und diese auch unbedingt einzunehmen sinnvoll wäre. Ich ging aber zunächst ins Pilgerbüro, um meinen ersten Stempel für den Pilgerausweis abzuholen. Meine Finger waren auf Grund der Kälte so steif geworden, dass ich die notwendigen Angaben kaum aufschreiben konnte. Danach habe ich in der mir empfohlenen Gaststätte eine heiße Suppe bestellt und, bevor ich sie zu mir genommen habe, meine Finger an der Tasse gewärmt. Anschließend habe ich die Klosteranlage und das Museum besichtigt.

Augustinerkloster und -hospiz beherrschen Roncesvalles, einen der wichtigsten Orte zur Pilgerbetreuung auf dem Jakobsweg. Die erste urkundliche Erwähnung dieser Anlage geht auf das Jahr 1127 als Stiftskirche auf dem Ibañeta-Pass zurück; seit 1132 befindet sie sich am heutigen Standort.

Nach der Besichtigung habe ich mich wieder auf mein Fahrrad geschwungen. Die Strapazen des Aufstiegs und der Kälte waren fast verschwunden und es ging rasant bergab, teilweise bin ich nun bis zu 45 Stundenkilometer gefahren. Hinter Burguete ging es wieder steil hinauf nach Aurizberri und dann auf den Alto de Mezkiritz (922 Meter), danach kurvenreich weiter auf der N 135 und wieder bergauf nach Biskarreta. Hinter Biskarreta folgte der nächste Pass, der Puerto de Erro (801 Meter). Hier oben machte ich eine Pause, verschlang die Reste meines in St.-Jean eingekauften Proviants und traf dabei auf zwei holländische Fußpilgerinnen, mit denen ich mich unterhielt, und setzte dann meine Fahrt fort. Nun ging es zügig weiter, überwiegend bergab Richtung Pamplona. Bedingt durch die teilweise hohe Geschwindigkeit musste ich mich stark auf die Strecke konzentrieren und hatte somit nicht so viel Gelegenheit, mich der Landschaft zu widmen. Gegen 18.00 hatte ich die Innenstadt von Pamplona erreicht.

Vor dem heutigen Start hatte ich gehofft, bis Pamplona zu kommen, aber eigentlich habe ich nicht damit gerechnet und Alternativübernachtungen eingeplant. Und nun hatte ich es doch geschafft, ich war ganz schön stolz auf mich. Inzwischen waren dunkle Wolken aufgezogen und es begann leicht zu regnen. Auf einem größeren Platz angekommen hielt ich an und blickte etwas ratlos um mich. Ein älterer, kleiner und sehr gut gekleideter Herr, ein typischer Baske, sprach mich an und bot mir seine Hilfe an, um ein Quartier zu finden. In einer Gasse des Gewirrs der Altstadt wies er auf das Schild eines Hostáls hin und riet mir, auch wegen der Abstellmöglichkeit für mein Fahrrad (la bicicletta) nachzufragen. Inzwischen hatte ein heftiges Gewitter mit Starkregen und Hagelschlag eingesetzt. Nachdem ich die Formalitäten für Unterkunft und Fahrradunterbringung geklärt hatte, ging ich wieder nach unten in die Gasse und sah den älteren Herrn, inzwischen völlig durchnässt, immer noch auf mein Fahrrad aufpassend. Ich wollte ihm einen kleinen Geldbetrag überreichen, was er entrüstet ablehnte und sagte, dass es für ihn selbstverständlich sei, einem Pilger zu helfen. Dann wünschte er mir „Buen camino" und verschwand. Nun war mir bewusst, ich bin ein Pilger!

Nach einer heißen Dusche zog ich mich um und machte noch einen kleinen Rundgang durch die Altstadt Pamplonas. Es setzte aber wieder starker Regen ein, die Temperatur betrug fünf Grad und so begab ich mich gegen 20.30 auf mein Zimmer, aß die Reste der eingekauften Lebensmittel und fiel kurz danach in einen Tiefschlaf.

Wetter: regnerisch, wolkig, kalt.

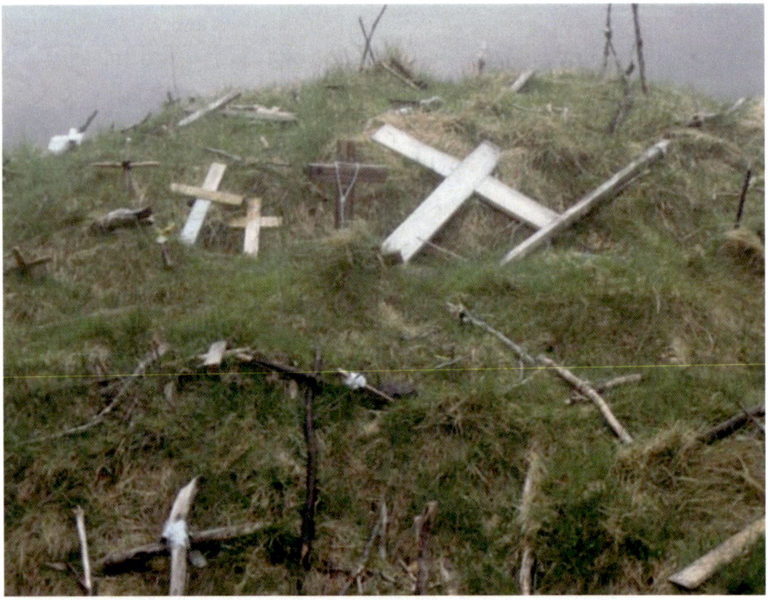

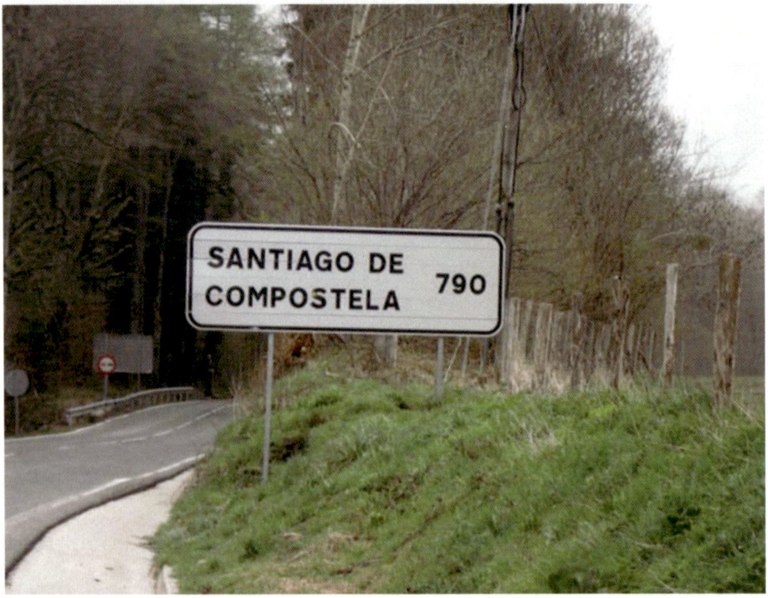
SANTIAGO DE
COMPOSTELA
790

Aufenthalt – So., 26.4.2009

Pamplona

Pamplona ist die Hauptstadt von Navarra und damit das wirtschaftliche Zentrum der Region. Trotz des regen geschäftlichen Treibens hat die Stadt mit ihrer kleinen atmosphärischen Altstadt und den zahlreichen Parkanlagen auch Orte zum Schlendern und Ausruhen zu bieten. Eine Legende erzählt, dass Pamplona 75 v. Chr. von dem römischen Feldherr Pompeius gegründet wurde. 714 übernahmen die Mauren von Süden kommend die Herrschaft in Pamplona, die 905 von Sacho Garce's I. und durch die Gründung des selbständigen Königreiches Navarra abgelöst wurde. Die Bevölkerung Pamplonas spaltete sich in französische und spanische Einwohnergruppen, was im 11. und 12. Jahrhundert dazu führte, dass sich innerstädtisch drei Burgen („Burgos") gründeten, die in den darauffolgenden Jahrzehnten heftig um die Vorherrschaft in der Stadt kämpften. Spuren dieser Vergangenheit lassen sich noch heute im Stadtbild entdecken, besonders die Kirchen der ehemaligen Befestigungen San Cernin und San Nicolas zeigen eindrücklich, dass Kirchen damals eine wichtige Verteidigungsfunktion im innerstädtischen Kampf hatten. Erst 1423 konnte König Carlos III. die drei Burgos friedlich miteinander vereinen. Zwei Feste werden in Pamplona mit besonderer Hingabe begangen: die Semana Santa (Karwoche), in der eine Woche lang mit eindrucksvollen Prozessionen durch die Stadt die Osterfestlichkeiten begleitet werden, und natürlich die Sanfermines (jedes Jahr 6.–15. Juli), die große Stierkampf-Siesta Pamplonas. Neben vielen Kirchen, Museen, Palästen und Plätzen ist die Kathedrale Metropolitana das überragende Bauwerk Pamplonas. Sie wurde zunächst im 12. Jahrhundert in romanischer Bauweise errichtet, nach ihrem Einsturz wurde sie 1397–1472 als gotischer Kathedralenbau wiederaufgebaut.

Um 8.30 bin ich aufgestanden und habe anschließend in einer Bäckerei gefrühstückt. Da es regnerisch war und die Temperatur nur ca. fünf Grad betrug, bin ich ins Hostál zurückgegangen, um mir ein T-Shirt unterzuziehen und eine Mütze aufzusetzen. Danach bin ich in die Kathedrale gegangen, habe am Gottesdienst teilgenommen und mir anschließend den Pilgerstempel besorgt. Dann habe ich einen Rundgang durch die Altstadt gemacht, bin durch den Parque de Santo Domingo und einen Minizoo zum Bahnhof gegangen. Von dort aus bin ich wieder in die Altstadt bis zur Stierkampfarena und dann zur Touristinformation gelangt. Dort habe ich die drei Australierinnen getroffen, die auf Quartiersuche waren. Ich habe ihnen mein Hostál empfohlen, wo sie dann auch eingezogen sind. Inzwischen war die Temperatur auf zehn Grad angestiegen, trotzdem war ich sehr durchgefroren und habe ein heißes Bad genommen. Anschließend habe ich einen weiteren Rundgang durch die Stadt gemacht, um die Örtlichkeiten für die morgige Weiterfahrt zu erkunden. Gegen 20.30 habe ich in einem gemütlichen Restaurant ein typisches spanisches Menue eingenommen und bin gegen 22.00 ins Hostál zurückgekehrt.

Wetter: überwiegend regnerisch und kalt

4. Etappe – Mo., 27.4.2009   69 km

Pamplona – Cizur Menor – Arlegui – Subiza – Campanas – Enériz – Eunate – Puente la Reina – Mañeru – Cirauqui – Lorca – Villatuerta – Estella

Die folgende lange Etappe führt durch die gebirgige Wein-Region La Rioja, eine fruchtbare Gegend – reich an Weingärten, bewaldeten Bergen und Flüssen. Man lernt die interessanten Städte Estella, Puente la Reina mit der wunderbaren alten Brücke, Logroño – die Hauptstadt der Region, Santo Domingo de la Calzada – die Stadt mit den lebenden Hühnern in der Kirche und schließlich das prächtige Burgos kennen. Es handelt sich um eine Route, die extrem steigungs- und teilweise sehr verkehrsreich ist. Das heutige Etappenziel auf der langen Fahrt nach Westen ist der alte navarrische Königssitz Estella, heute ein reizendes Provinzstädtchen. Zum Auftakt ist der Höhenzug der Sierra del Perdón zu überwinden, danach folgt ein Kleinod des Camino, die Kirche Eunate.

Heute Morgen war es trocken und ich bin um 08.15 in Pamplona losgefahren. Bedingt durch den starken Verkehr auf den Ausfallstraßen habe ich die Abzweigung nach Cizur Menor verfehlt und bin in Noain/Flughafen von Pamplona angekommen. Als der Flughafen in Sicht kam, hatte ich den Irrtum bemerkt. So musste ich hinter dem Ort eine Straße nach rechts nehmen und erreichte mit ca. zehn Kilometern Umweg die ursprüngliche Route; es ging ausschließlich bergauf. Die folgende Strecke Richtung Arlegui führte über die Ausläufer des Berges Perdón und wieder ging es ständig bergauf: schieben, schieben, schieben. Richtung Campanas ging es endlich wieder einmal bergab und ich erreichte schnell Enériz. Hinter Enériz befindet sich die Kirche Santa Maria de Eunate, wo ich eine Besichtigungspause einlegte und auch im Kirchenbüro den Pilgerstempel von einem mürrisch dreinblickenden Kirchenangestellten erhielt. Anschließend ging es angenehm fahrend weiter bis Puente la Reina; dort habe ich die Königinnenbrücke besichtigt, dann überquert und dahinter Pause gemacht.

Die berühmte Königinnenbrücke, die dem Ort den Namen gab, gehört sicher zu den meistfotografierten Bauwerken des Weges. Sie wurde im 11. Jahrhundert aufgrund der stark ansteigenden Zahl an Pilgern errichtet. Welcher Monarchin allerdings diese Stiftung zu verdanken ist, kann nur vermutet werden.

Die nun folgende Strecke bis Mañeru führte wieder bergauf: absteigen und schieben. Hinter Cirauqui ging es kurz bergab und dann erneut steil bergauf bis Lorca. Hier legte ich eine Pause ein und wen traf ich? Die drei Mädel aus Australien waren auch schon angekommen. Wir begrüßten uns mit großem Hallo, fielen uns in die Arme und tauschten Erfahrungen und Erlebnisse aus. Von Lorca aus ließ es sich leicht fahren und ich kam über Villatuerta gegen 16.00 in Estella an. Als ich mein Fahrrad abstellte, sah ich drei Männer Richtung Kirche gehend und Hochdeutsch sprechend. Ich sprach sie an und dabei stellte sich heraus, dass es sich um Fußpilger aus Molfsee bei Kiel handelte.

Sehr sehenswert ist die Kirche Pedro de la Rua sowie der Königspalast aus dem 12. Jahrhundert direkt gegenüber Er ist das älteste nicht sakrale Bauwerk Navarras und enthält heute ein Museum mit wechselnden Ausstellungen. Estella trägt nicht umsonst den Beinamen „la bella", also „die Schöne". Ein Spaziergang durch die Altstadt auf der nördlichen Flussseite, zu erreichen über die Brücke Santa Maria, hinauf zur Kirche San Miguel und über die Calles Zapateria Mayor und die Baja Navarra zur Plaza de los Fueros ist sehr lohnend.

Bei der Suche nach einem Quartier traf ich wiederum auf die drei Australierinnen, die ebenfalls nach einer Übernachtungsmöglichkeit Ausschau hielten. Ich habe dann eine kleine und einfache Pension gefunden, wo ich für 20,-- € ein Zimmer bekam. Geduscht und frisch gemacht bin ich dann auf eine Einkaufstour gegangen, denn meine Vorräte hatte ich inzwischen aufgebraucht. Bei der Suche nach einer Einkaufsmöglichkeit traf ich auf ein Ehepaar, das nach einer Unterkunft Ausschau hielt. Sie waren mit dem Fahrrad aus Bottrop/Westfalen kommend bis hierher gelangt. Auf der weiteren Route habe ich sie mehrfach wiedergetroffen.

Anschließend habe ich noch einen kleinen Stadtrundgang gemacht, um 20.00 an einem Gottesdienst teilgenommen und mir danach im Kirchenbüro den Pilgerstempel besorgt. Nach dem Verzehr einiger Tapas und einem Glas Vino tinto bin ich gegen 22.00 in die Pension zurückgekehrt.

Wetter: anfangs bedeckt bei acht Grad, im Laufe des Tages sonnig bis 18 Grad, abends leichter Regen.

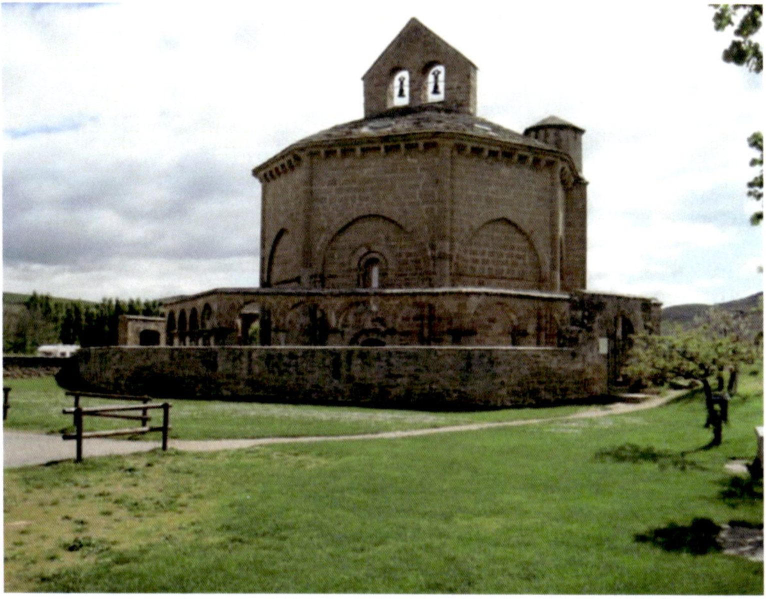

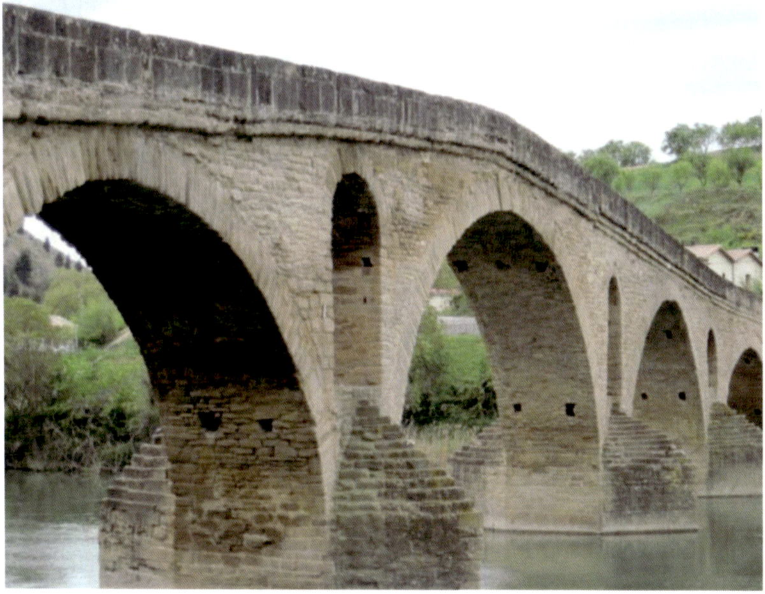

5. Etappe – Di., 28.4.2009   55 km

Estella – Ayegui – Irache – Azqueta – Villamayor de Monjardín – Los Arcos – Torres del Río – Viana – Logroño

Durch sanftes Hügelland fährt man hinab in das fruchtbare Becken des Río Ebro, wo die Grenze zwischen Navarra und der Rioja verläuft. Logroño, die moderne Hauptstadt von Spaniens bekanntester Weinregion, ist das Etappenziel.

Um kurz nach 08.00 bin ich bei ca. zehn Grad losgefahren und habe wieder einmal die falsche Richtung genommen. Das lag oder liegt aber daran, dass ich mir vor jedem Start leider nicht den Stadt- oder Ortsplan ansehe, sondern immer nach Gefühl fahre, vermeintlich nämlich Richtung Westen. Manchmal bin ich richtig stur und habe es eigentlich verdient, dadurch zusätzliche Strecken fahren zu müssen! Durch die Hilfe eines Tankwarts habe ich schließlich die richtige Streckenführung gefunden. Kurz hinter Estella folgte unmittelbar ein sehr starker Anstieg nach Ayegui und etwas später erreiche ich das Kloster Irache. Die Besonderheit diese Klosters liegt darin, dass sich Pilger hier mit lebensnotwendigem Proviant versorgen können, um den Weg bis Santiago de Compostela zu überstehen. Aus einem Zapfhahn kann man sich Wein, aus einem zweiten Wasser abfüllen. Wasser hatte ich noch genug und Wein mochte ich so früh noch nicht, also bin ich gleich wieder gestartet – salúd, vino!

Danach ging es weiter auf einem steilen Fußweg zur Hauptstraße. Anschließend folgten ständig Anstiege bis nach Los Arcos; diese musste ich überwiegend schiebend bewältigen. Hier habe ich eine Pause eingelegt und dann ging es weiter nach Torres del Río, überwiegend bergauf, aber hin und wieder auch bergab. Hinter Torres del Río habe ich den italienischen Radfahrer wiedergetroffen – inzwischen hatte ich von ihm erfahren, dass er aus Turin stammt. Danach ging es überwiegend und dadurch recht angenehm bergab nach Viana.

Inzwischen waren meine Gedanken abgeschweift und plötzlich habe ich festgestellt, dass das hinter mir liegende Leben und die Arbeit gar nicht mehr so wichtig waren; eigentlich sollte ich mehr nach vorn in die Zukunft blicken. So habe ich von nun an versucht, mehr auf Landschaft, Umgebung und Menschen zu achten. Doch dann kam auf einmal wieder die Vergangenheit zurück. Irgendwie hatte ich plötzlich das Gefühl, dass Helga auf mich heruntersah und mich begleitete, und ich fing an mit ihr zu sprechen (nach fast 25-jähriger Ehe ist sie am 24.02.1997 verstorben). Mit der Vergangenheit abschließen ja, aber diese 25 Jahre darf ich nie vergessen.

An der Kirche in Viana angekommen, habe ich drei holländische Frauen getroffen, die in fünf Wochen von Amsterdam bis hier mit dem Fahrrad gefahren sind und den Jakobsweg bis zum Schluss fahren wollten, Respekt, Respekt! Sie waren um die 50 Jahre alt, hatten eine sportliche Figur, waren fröhlich und verbreiteten eine positive Lebenseinstellung.

Hinter Viana bin ich auf dem Fußpilgerweg weitergefahren, die Wegbeschaffenheit war jedoch grottenschlecht und endlich erreichte ich einen Rastplatz an einem Vogelobservatorium. Dort traf ich auf einige Radfahrer, die ebenfalls pausierten, und wir schimpften gemeinsam über die hinter uns liegende Strecke. Vor Logroño ging es wieder einmal steil bergauf und es hieß: schieben, schieben. Dabei traf ich auf ein holländisches Paar, mit dem ich gemeinsam bergan ging, und wir führten ein sehr angenehmes Gespräch. Nun stellte ich fest, dass es bisher angenehmer war, den Jakobsweg zu fahren als per pedes zu bewältigen. Als es wieder bergab ging, schwang ich mich auf mein Rad und erreichte kurz danach den Verkaufsstand von „Dona Felisa".

Sie ist vor fünf Jahren im Alter von 92 Jahren gestorben und ihre Tochter setzt nun die Tradition ihrer Mutter fort. Hier habe ich mir eine Halskette mit dem Jakobsmuschelsymbol gekauft und eine Spende hinterlassen. Kleine Verkaufserlöse und Spenden sichern ihren Lebensunterhalt und sie besitzt die Legitimation, Pilgerausweise abstempeln zu dürfen. Gegen 15.00 erreichte ich Logroño und habe nach der Überquerung des Ebro an dessen Ufer eine Mahlzeit eingenommen.

Durch seine Lage im Grenzgebiet zwischen Navarra und Kastilien war Logroño auch im Mittelalter Schauplatz zahlreicher Konflikte; davon zeugen nicht zuletzt die starken Verteidigungsanlagen der Stadt, von denen heute jedoch nur noch wenige Reste zu sehen sind. Schnell habe ich die Straße Calle Portales, die die zentrale Achse durch die Altstadt bildet, erreicht. Das erste Gebäude, das mir auffiel, ist der Palacio de los Chapiteles, ein herrlicher Palast, in dem früher das Rathaus untergebracht war und der heute das Riojanische Studienzentrum beherbergt. Wenig später gelangte ich zur Konkathedrale La Redonda. Ihre zwei Barocktürme heben sich deutlich vom Stadtbild ab. Im Innern der im 16. Jahrhundert auf einem früheren Kirchengebäude errichteten Kathedrale sind zahlreiche Kunstwerke zu bewundern, unter denen insbesondere ein Bild von der Leidensgeschichte Christi hervorzuheben ist. Vor der Kathedrale breitet sich die Plaza del Mercado aus, das ehemalige wirtschaftliche Zentrum der Stadt und heute einer der schönsten Plätze des Orts. Sehenswert sind auch das ehemalige Kloster La Merced, die Kirche Santa Maria de Palacio und der Backsteinturm von San Bartolome.

Relativ schnell habe ich in der Innenstadt ein gutes Hotel gefunden und mich sofort in die Badewanne begeben, da ich inzwischen heftige Rückenschmerzen bekommen hatte und mir auch die Beine wehtaten. Ab 18.00 habe ich einen Rundgang durch die Altstadt unternommen und wollte mir in der Kathedrale den Pilgerstempel abholen. Diese war heute jedoch geschlossen und so habe ich mir den Stempel in der Eglesia Santiago el Real besorgt. Danach habe ich in einem Restaurant im sogenannten Szeneviertel ein Menú del Dia (Tagesmenü) eingenommen; leider hatte ich damit „Kutteln" gewählt, das sollte mir aber nicht wieder passieren. Gegen 22.15 bin ich ins Hotel zurückgekehrt.

Wetter: anfangs kalt und wolkig, später etwas wärmer und starker Gegenwind, abends ca. 25 Grad.

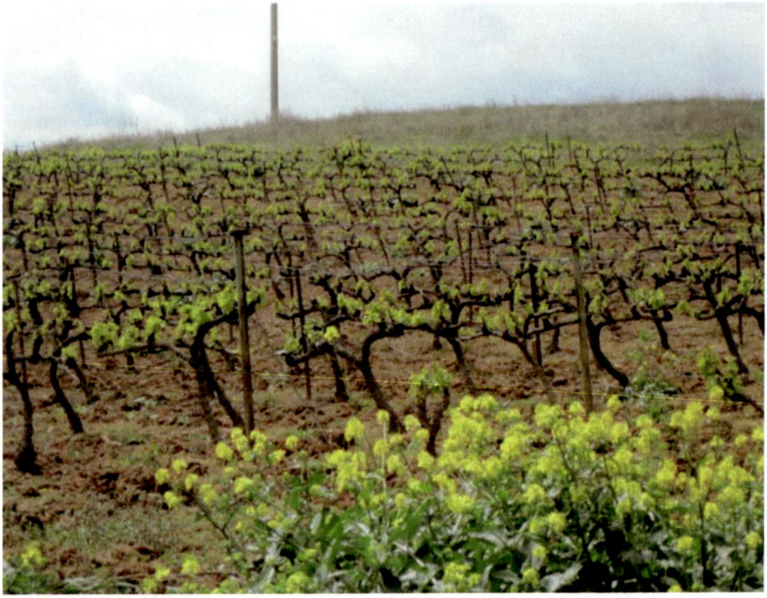

BODEGAS IRACHE
DESDE 1891

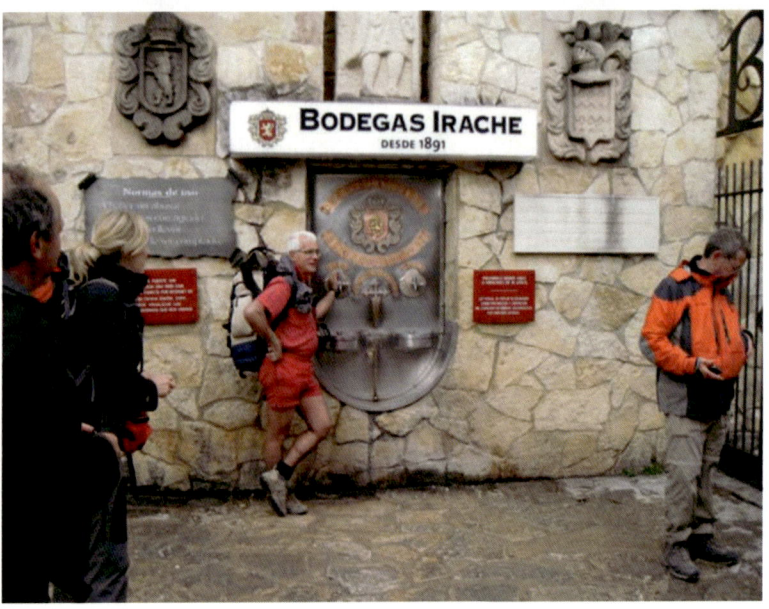

6. Etappe – Mi., 29.4.2009 57 km

Logroño – Navarrete – Nájera – Azofra – Cirueña – Santo Domingo de la Calzada

Weitläufige Weingärten mit knorrigen, alten Stöcken und endlose Felder, die sich am Horizont verlieren: So präsentiert sich die fruchtbare Rioja. Die kleinen Städte am Weg künden von großer Pilgertradition, und ein Ausflug zu den Klöstern von San Millán de la Cogolla – Wiege der spanischen Sprache und Wallfahrtsort seit fast 1500 Jahren – krönt die Reise auf mittelalterlichen Pilgerpfaden.

Mein Start erfolgte heute Morgen kurz nach 08.00, die Temperatur lag bei etwa zehn Grad und es war bewölkt. Zum wiederholten Male habe ich anfangs die falsche Richtung eingeschlagen. Meine Güte, warum sehe ich mir morgens eigentlich nicht den Stadtplan an? Nach ca. drei Kilometern hatte ich den Irrtum bemerkt, bin wieder in die Innenstadt zurückgefahren und habe dann aber gleich die gelben Richtungspfeile entdeckt, und wen noch? Ja, der italienische Radfahrer hatte sich besser orientiert und so fuhr ich hinter ihm her. Stadtauswärts ging es zunächst auf einem Radweg entlang, der in den Parque de San Miguel mündete, und dann auf Sandwegen weiter durch den Parque de la Grajera. Hierbei handelt es sich um ein riesiges Freizeitgelände der Stadt Logroño. Am Ende des Geländes befindet sich ein großer Stausee, an dessen Ufer sich bereits viele Angler aufhielten. Nachdem ich den See umfahren hatte, gelangte ich auf nicht mehr so guten, mit Steinen übersäten Wegen hoch zur Autobahn. Nun ging es an Weinstöcken, Olivenbäumen und Bodegas vorbei steil hinauf nach Navarrete. Hinter Navarrete bin ich ein kurzes Stück auf der Nationalstraße 120 und anschließend links von der Straße auf dem Pilgerweg bis Ventosa gefahren. Die Wegbeschaffenheit wurde nun immer schlechter, steinig, lehmig, mit Pfützen übersät und es ging wieder einmal bergauf, dazu blies ein starker Gegenwind. Nach Ventosa habe ich nicht den Weg über den Alto de San Antón genommen, die Beschreibung im Radführer wies diesen als sehr schwierig aus. Also bin ich wieder auf die Nationalstraße gefahren, die aber nach kurzer Strecke zur Autobahn ausgebaut worden war, so dass ich eine Alternativroute suchen musste. Auf gut Glück bin ich dann über eine Brücke in einen Ort gekommen, der nicht in der Karte verzeichnet war. Im Ort habe ich ein Hinweisschild nach Santo Domingo entdeckt und nach kurzer Fahrt auf einer Nebenstraße wieder die Nationalstraße erreicht. Nach weiteren fünf Kilometern habe ich Nájera erreicht und eine Pause eingelegt. Nun wurde es auch wärmer und damit angenehmer. Der Pilgerweg verlief direkt neben der Straße, der Zustand wurde aber zunehmend schlechter und so fuhr ich wieder auf der Straße weiter. Auf diesem Teilstück waren auch viele Fußpilger unterwegs, so dass die Straße die bessere Alternative war. Inzwischen war der Gegenwind noch stärker geworden und ich schaffte lediglich knapp zehn Stundenkilometer. Auf der Höhe der Mesas folgten zwei Anstiege, die ich schiebend überwinden musste. Danach ging es endlich wieder bergab und nach etwa sieben Kilometern erreichte ich gegen 15.15 Santo Domingo de la Calzada.

Zunächst fuhr ich zur Kathedrale, wo ich im Pilgerbüro gleich meinen Stempel erhielt, und machte mich auf, ein passendes Quartier zu finden. Ich habe mir mehrere Pensionen und Hotels angesehen und bin letztendlich in der christlichen Herberge der Zisterzienserinnen gelandet. Die Herberge war völlig renoviert, die Zimmer waren auf dem neuesten baulichen Stand, Drei-Sterne-Niveau, und der Übernachtungspreis betrug nur 37,-- €. Im Zimmer angekommen, habe ich lange heiß geduscht, mir die Beine eingerieben und mich auf dem Bett ausstreckend erholt. Ab 18.30 bin ich einkaufen gegangen und habe dabei die drei Australierinnen und das Paar aus Bottrop getroffen. Wir begrüßten uns mit großem Hallo und jeder berichtete über den Tages- und Streckenverlauf.

Der anschließende Bummel durch die Gassen der Altstadt von Santo Domingo vorbei am ehemaligen Pilgerhospiz – heute ein Parador-Hotel – und natürlich ein Besuch der gothischen Kathedrale mit ihrer ungewöhnlichen Tierhaltung war sehenswert. Hinsichtlich dieser Tierhaltung existiert folgende Legende: Ein junger Pilger wurde in der Stadt verleumdet und zu Unrecht gehenkt. Die Eltern des Jungen setzten ihre Reise alleine fort und fanden auf dem Rückweg von Santiago ihren Sohn am Galgen immer noch lebend vor, denn der Apostel hatte ihn auf seinen Schultern gehalten. Der Richter, den die Eltern daraufhin aufsuchten, glaubte das Wunder nicht und sagte, dass der Sohn so lebendig sei wie die beiden gebratenen Hühner auf seinem Teller. Darauf erwachten die Tiere zum Leben und flogen auf. Zur Erinnerung an diese Begebenheit werden in der Kathedrale ein Hahn und eine Henne in einem Käfig gehalten. Hört man den Hahn in der Kathedrale krähen, verheißt das Glück für den weiteren Weg.

Das Restaurant, in dem ich danach mein Abendessen einnahm, war vollständig mit Hahn- und Hennen-Symbolen dekoriert.

Wetter: trocken, teilweise sehr starker Gegenwind, nachmittags ca. 18 Grad.

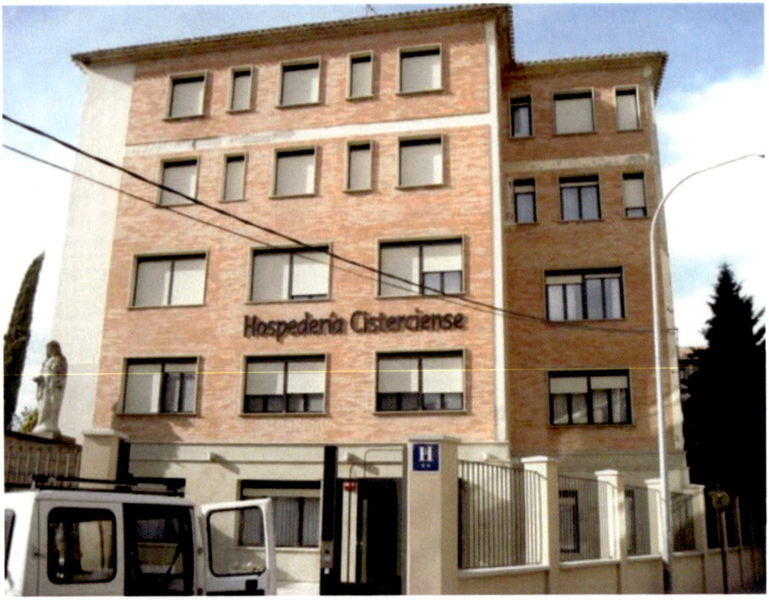
Hospedería Cisterciense
H

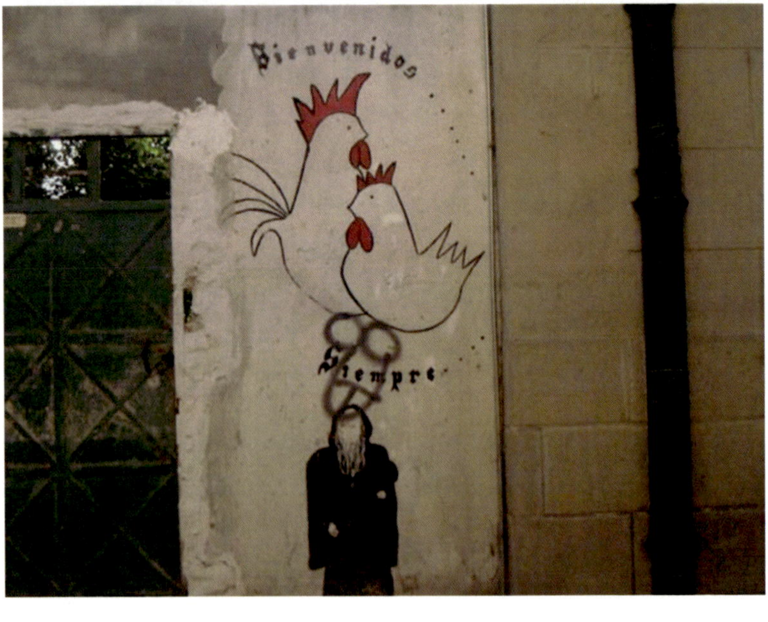
Bienvenidos
Siempre

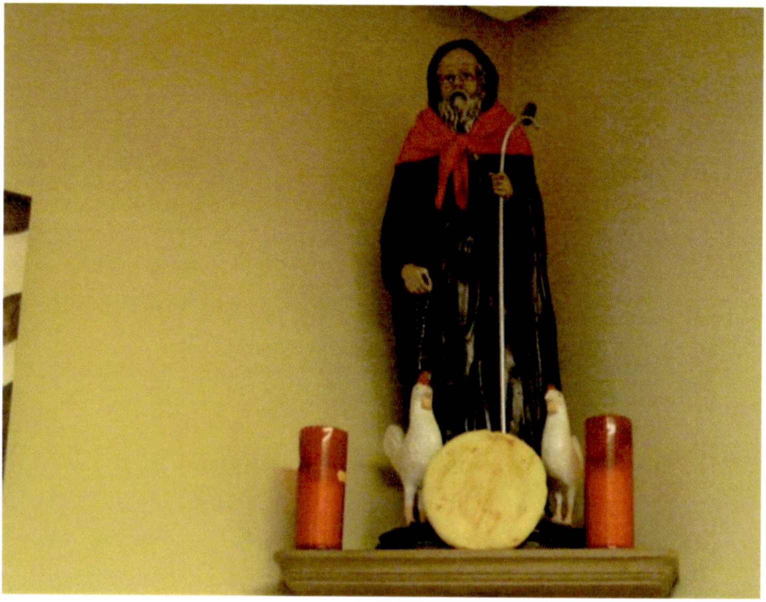

7. Etappe – Do., 30.4.2009   85 km

Santo Domingo de la Calzada – Grañón – Radecilla del Camino – Castildelgado – Viloria – Belorado – Tosantos – Villafranca – Montes de Oca – Villalmondar – Villaescusa la Sombría – Atapuerca – Matagrande – Cardeñuela – Burgos

In diesem Wegabschnitt überwindet man das Bergland der Montes de Oca, das die geographische und klimatische Trennlinie zwischen der Rioja und dem nördlichen Kastilien darstellt. Das Etappenziel gehört zu den Höhepunkten am Jakobsweg: Es ist die Großstadt Burgos mit ihrer herrlichen Kathedrale.

Nach dem heutigen Frühstück, spartanisch den Pilgerbedürfnissen entsprechend, habe ich an der Rezeption eine würdevolle Dame getroffen. Sie trug keine Nonnentracht, sondern war schlicht weltlich gekleidet. Sie sprach mich in akzentfreiem Deutsch an und stellte die Frage, wo denn mein Wohnort Harrislee läge, sie hätte von diesem Ort noch nie etwas gehört. Daraufhin beschrieb ich ihr die Lage, nämlich unmittelbar am Stadtrand von Flensburg, direkt an der dänischen Grenze gelegen. Im folgenden Gespräch stellte sich heraus, dass sie in Argentinien geboren war, in Deutschland studiert, gelehrt und gearbeitet hatte. Seit nunmehr 17 Jahren lebt sie hier und ist für die kaufmännische Verwaltung zuständig. Ihre deutschen Verwandten kämen aus Celle, fuhr sie fort. Daraufhin konnte ich ihr erfreut mitteilen, dass ich in einem kleinen Dorf in der Nähe von Celle geboren und aufgewachsen bin. So stellte sich wieder einmal heraus, wie klein die Welt ist.

Hinter Santo Domingo bin ich zunächst auf der Nationalstraße 120 weitergefahren und etwas später auf dem wiederum sehr steinigen und schlecht zu befahrenden Pilgerweg. Anschließend ging es sehr steil, natürlich wieder schiebend, hoch nach

Grañón. Hier habe ich den italienischen Radpilger aus Turin wiedergetroffen. Wir konnten uns aus sprachlichen Gründen, er sprach ausschließlich Italienisch, kaum unterhalten, aber verständigt haben wir uns ganz gut. Nun gelangte ich wieder auf eine sehr schlecht zu befahrende Strecke und erreichte Redecilla del Camino, natürlich wieder steil bergauf. Jetzt hatte ich die Region „Kastilien und Leon" erreicht. In der hiesigen Touristinformation habe ich dann einen Fußpilger getroffen und kam mit ihm ins Gespräch. Aufgrund seiner Erscheinung und Ausdrucksweise handelte es sich meiner Ansicht nach um einen Managertyp, der vermutlich eine Auszeit genommen hatte. Er hatte die letzte Nacht in einer Gemeinschaftsherberge verbracht und berichtete mir, ein bisschen zu überschwänglich, über das dort erlebte gemeinsame Kochen, Essen, Abspülen und Beten. Möglicherweise war er Bank- oder Anlageberater und wollte sein Gewissen entlasten – so erschien er mir jedenfalls. Die zuvor kennengelernten Fuß- und Radpilger waren mir wesentlich sympathischer.

Bis Belorado bin ich dann wieder auf der Nationalstraße 120 gefahren; es gab kaum einen ebenen Abschnitt, ständig nur bergauf. Der Himmel war bedeckt und der Gegenwind nahm zu. Bis Villafranca Montes de Oca ging es nun wieder bergauf, schieben, bergauf, schieben, der Gegenwind nahm noch mehr zu und es wurde ständig kälter.

In Villafranca habe ich mich mit der weiteren Wegbeschreibung beschäftigt und festgestellt, dass die nun folgende Strecke nur für Mountainbiker ohne Gepäck geeignet war. Die Nationalstraße führte direkt über den Monte de Oca – 900 Meter – und so entschloss ich mich für eine Alternativroute, die allerdings 15 Kilometer länger war. Anfangs ging es endlich wieder einmal bergab und ich hatte zudem Rückenwind. Ein derartiges Fahrgefühl hatte ich schon lange nicht mehr erlebt! Lange hat dieses Vergnügen jedoch nicht angehalten und es ging bald wieder in dieser inzwischen trostlosen Gegend bergauf, anfangs noch fahrend, aber kurze Zeit später nur noch schiebend, dazu kamen wieder Regenschauer auf. Gegen 16.30 erreichte ich die Abtei San Juan de Ortega und traf wieder auf den Pilgerweg. Hier habe ich die Abtei besichtigt und mir einen weiteren Pilgerstempel besorgt. Nun stieg der Pilgerweg auf 1080 Meter an, die Streckenbeschreibung war eher abschreckend, und so beschloss ich, wieder auf die Nationalstraße herunterzufahren. Anfangs waren noch einige Anstiege zu bewältigen, aber die letzten 18 Kilometer bis Burgos führten dann leicht bergab und ich habe ungewohnt eine Geschwindigkeit von ca. 18 Stundenkilometern erreicht. Um 18.30 kam ich in den Vororten von Burgos an und hatte etwa 45 Minuten später ein Hostál im Zentrum gefunden. Das Zimmer und die Ausstattung waren sehr spartanisch, der Wirt war aber sehr nett und freundlich. Gegen 20.30 bin ich durch die Gassen der Altstadt gegangen, habe mir einen ersten Eindruck verschafft und zu Abend gegessen. Nach überwältigenden Eindrücken bin ich gegen 22.00 ins Hostál zurückgekehrt.

Wetter: kalt, sehr windig, regnerisch, Temperaturen nicht über zehn Grad.

Aufenthalt – Fr., 01.5.2009

Burgos

Die Stadtgründung von Burgos wurde 884 beurkundet, ab 1037 war es Sitz der Könige von Kastilien und León. Bischofsstadt wurde es dann 1075 durch Verlegung des Bischofssitzes von Auca. Die Lage am Jakobsweg und an den Handelsrouten zur Küste brachte bald beachtlichen Reichtum. Ein besonders gewinnträchtiges Handelsgut war Wolle und so machte auch die Mesta, die sehr einflussreiche Vereinigung der Schafzüchter und Wollhändler, Burgos zu ihrem Sitz. Der Geldsegen brachte eine ganze Reihe von historischen Bauwerken hervor, allen voran natürlich die prachtvolle Kathedrale. Die Beschreibung der komplexen Architektur und Geschichte dieses einzigartigen gotischen Bauwerks würde hier den Rahmen sprengen. Südlich der Kathedrale am Fluss liegt die Promenade Pasco de Espolón, die an schönen Tagen zu einem Bummel einlädt. An ihrem östlichen Ende hinter dem Theater wurde am gleichnamigen Platz ein recht martialisches Denkmal des spanischen Nationalhelden El Cid aufgestellt. Dieser hieß eigentlich Rodrigo Diaz und wurde im Jahr 1043 in der Nähe von Burgos geboren. Obwohl der Abenteurer und Heerführer zuweilen auch auf maurischer Seite stritt, ist er die Symbolfigur der Reconquista, also der Vertreibung der Mauren aus Spanien. Er wurde mit seiner Frau in der Kathedrale zur letzten Ruhe gebettet.

Heute Morgen bin ich erst gegen 09.00 aufgestanden und habe anschließend in einem Café gefrühstückt. Danach bin ich zur Kathedrale geschlendert, habe diese ca. drei Stunden lang besichtigt, eigentlich hätte ich den ganzen Tag dazu gebraucht, und mir dann den obligatorischen Pilgerstempel besorgt. Nun begann ich einen etwa zweistündigen Stadtrundgang mit dem Ziel, den Bahnhof zu finden. Ich wollte mir endlich eine deutsche Zeitung besorgen, da ich seit Tagen keinerlei Informationen über das Weltgeschehen hatte. Nach einigen Irrwegen hatte ich endlich den Bahnhof entdeckt und musste feststellen, dass er gar nicht mehr in Betrieb war, teilweise war er bereits abgebrochen. Mein Kartenmaterial war wohl schon älteren Datums, denn ich fand keinen Hinweis auf den Standort eines neuen Bahnhofs und so habe ich mich wieder auf den Weg in die Innenstadt gemacht. Inmitten des lebhaften Touristenstroms habe ich einen Supermarkt gefunden und mich mit neuem Proviant für die Weiterfahrt eingedeckt. Nachmittags bin ich in den Parque del Castillo gegangen und habe das dort befindliche Kastell besichtigt. Von hier oben aus hatte man eine imposante Aussicht über die Stadt und das Umland. Im Hof des Kastells habe ich dann wieder die drei jungen Frauen aus Australien getroffen. Mit großem Hallo haben wir uns begrüßt, an die Hände genommen und im Kreis getanzt; danach haben wir gegenseitig Bilder von uns gemacht. Abends bin ich in dasselbe Restaurant wie am Vorabend gegangen und habe leckere Tapas und Gambas in Ajoli zu mir genommen. Gegen 21.30 bin ich ins Hostál zurückgekehrt.

Wetter: überwiegend sonnig, Temperaturen 8–15 Grad, windig.

01.05.09

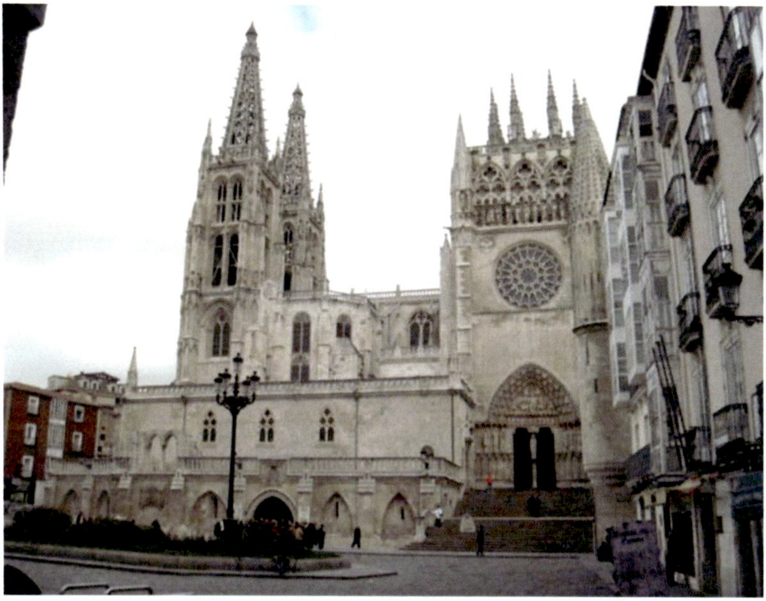

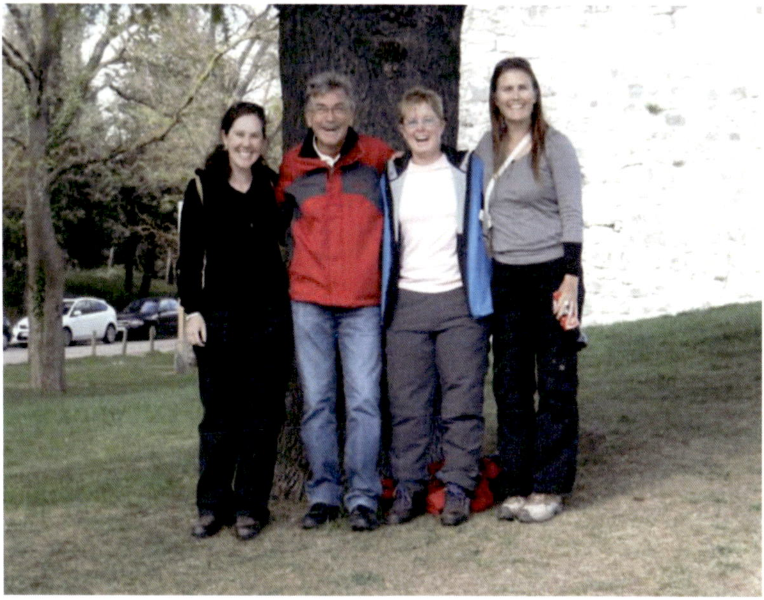

8. Etappe – Sa., 02.5.2009   140 km

Burgos – Tardajos – Rabé de las Calzadas – El Poble – Hornillos del Camino – Hontanas – San Anton – Castrojeriz – Castrillo Matajudíos – Ermita de San Nicolás – Itero de la Vega – Otero Largo – Boadilla del Camino – Fromista – Villarmentero de Campos – Villalcázar de la Sirga – Carrión de los Condes – Calzadilla de la Cueza – Ledigos – Terradillos de los Templarios – San Nicolás del Real Camino – Sahagún

Die schroffe Schönheit der kastilischen Mesetas gibt dieser Etappe ihren Reiz. Ein raues Klima prägt die Landschaft: Eiskalte Winde und frostige Wintertemperaturen werden urplötzlich abgelöst von brütender Sommerhitze. Kein Baum, kein Strauch spendet Schutz oder Schatten. Auf diesem Weg kommt man durch viele reizende kleine Dörfer und interessante Städtchen wie Castrojeriz mit seiner Festung, die mächtig auf dem Berg thront, oder Sahagún mit seinem Benediktinerkloster. Die Strecke führt zum Großteil auf ruhigen Wirtschaftswegen und schmalen Landstraßen entlang. Hinter Burgos kommen zwei kurze unbefestigte Teilstücke vor, dafür trifft man zu Beginn der Strecke auf relativ wenig Verkehr. Erst zwischen Carrión und Sahagún wird es verkehrsreich. Ab Fromista verläuft ein Radweg bis Carrión neben der Straße und dann wieder zwischen Mansilla und Valdelafuente. Hinter Fromista führt die Etappe noch durch das flache und nahezu baumlose Agrarland der Tierra de Campos. Eine leichte und angenehme Strecke steht bevor, es sei denn, der Westwind bläst mal wieder stärker!

Heute Morgen bin ich gegen 08.00 bei wolkenlosem Himmel, aber nur fünf Grad, gestartet. Am Ortsausgang von Burgos bemerkte ich eine Überraschung oder auch ein kleines Wunder! Der Wind hatte sich gedreht und blies nun von hinten, und zwar ebenso stark wie in den Tagen zuvor. „War das vielleicht von oben so gewollt?", fragte ich mich und dachte wieder unweigerlich an Helga, die mir helfen wollte. So erreichte ich Rabé de las Calzadas bereits nach knapp 40 Minuten (immerhin 15 Kilometer) und hatte das Gefühl, geflogen zu sein.

Nun ging es aber hinauf auf die erste Meseta-Hochebene, dann relativ eben und nach vier Kilometern bergab nach Hornillos del Camino. Es waren viele Fußpilger unterwegs und dadurch kam ich nicht so zügig voran, aber ständig hieß es nun „Buen Camino" sowohl von den überholenden Pilgern als auch von mir.

Die kastilischen Mesetas sind Hochebenen in schroffer Schönheit. Riesige Weizenfelder lagen rechts und links des Weges; an den Rändern dieser Felder zeigten sich rote Mohn- und blaue Kornblumen in einer wunderschönen Blütenpracht.

Der Zustand des Weges wurde wieder einmal grottenschlecht, aber dank des starken Rückenwinds kam ich sehr gut voran, zumal auch die Anzahl der Fußpilger ständig weniger wurde. Jetzt folgte eine steinige und sehr steile Abfahrt nach Hontanas und ich stellte dabei fest, welche Qualität und Stabilität meine „bicicletta" aufwies. Der steinige Weg setzte sich am Ortsanfang in eine schmale asphaltierte Straße fort und ich erreichte dabei eine Geschwindigkeit von über 40 Stundenkilometern. Plötzlich tauchte etwa 20 Meter vor mir eine tiefe Querrinne auf; starkes Bremsen hätte unweigerlich zu einem Sturz geführt. Als ich die Querrinne erreichte, riss ich das Lenkrad hoch, das Hinterrad schlug natürlich mit entsprechender Wucht in die Rinne, hielt dem Aufprall aber stand und ich konnte mich auf dem Rad halten und einen Sturz vermeiden.
Bei der anschließenden Rast im Ort habe ich meinen Italiener aus Turin wieder- und einen Fußpilger aus Laboe getroffen. Dieser pilgert jedes Jahr eine Woche auf dem Jakobsweg; in diesem Jahr führte ihn der Weg von Burgos nach León. Für diese Strecke hatte er sechs Tage eingeplant. Danach ging es natürlich wieder aufwärts und nach zweimaligem Schieben erreichte ich Castrojeriz. Anschließend ging es auf einer klei-

nen Landstraße bis zur Brücke über den Río Pisuerga. Hier habe ich eine Pause eingelegt und am Flussufer eine kräftige Mahlzeit mit Brot, Wurst, Schinken und Käse eingenommen. Danach ging es auf verkehrsarmen Landstraßen weiter und ich durchquerte die weiten Flächen der Tierra de Campos. Die Temperaturen stiegen nun an und ich konnte das erste Mal nach langer Zeit meine Jacke ausziehen. Nun befuhr ich eine langgezogene Landstraße mit einigen Anstiegen, die ich aber dank des Rückenwinds locker überwinden konnte, und erreichte gegen 14.15 das eigentliche heutige Etappenziel Fromista.
Fromista erschien mir eher öde und langweilig, ich habe mir den gesamten Ort angesehen und kam zu dem Entschluss, da es auch noch relativ früh war, nach einer kleinen Pause meinen Weg unmittelbar fortzusetzen. Gegen 16.00 erreichte ich Carrión de los Condes. Auffällig auf dieser Strecke war der extra für Pilger angelegte Weg parallel zur Landstraße. Diese Art des Camino fand ich anschließend noch öfter vor. Er ist an den zu Querstraßen und kreuzenden Fahrwegen offenen Enden durch massive Sperren gegen Befahrung aller Art geschützt (Radfahrer sind natürlich ausgenommen). Praktischer war es allerdings, auf der Straße zu fahren. Ursprünglich wurden schön bunt glasierte Reliefkacheln mit Muschelsymbol versehen an den Absperrungen angebracht, doch diese waren bald ein heiß begehrtes Souvenir und wurden fast überall herausgeschlagen und mitgenommen. In Carrión de los Condes gelang es mir nicht, ein Quartier zu finden, selbst ein altes, ehrwürdiges Nobelhotel war ausgebucht. Der Rezeptionist sagte mir kopfschüttelnd: „Wo ist die Krise, die wirtschaftliche Krise kenne ich nicht, wir sind trotzdem ausgebucht!" So verließ ich den Ort gegen 17.30, und in der Hoffnung, dass der Rückenwind anhalten würde, nahm ich den Weg Richtung Sahagún auf. An

einer Tankstelle am Ortsende habe ich mich mit Getränken und Energieriegeln versorgt und bin dann auf einer sehr holperigen, fast schnurgeraden und stetig ansteigenden Schotterpiste etwa 15 Kilometer bis nach Calzadilla de la Cueza gefahren. Bei dieser Schotterpiste handelt es sich um die „Via Traiana", die alte römische Heerstraße von Bordeaux nach Astorga. Kurz nachdem ich die Landstraße nach Bustillo del Páramo überquert hatte, fiel mir im mich umgebenen Ödland ein schmaler Streifen mit verändertem Bewuchs ins Auge. Durch kleine Büsche markiert, zieht sich ein Viehtrieb wie ein Band durch die Landschaft und kreuzt die Piste. Früher wurden hauptsächlich Schafe durch ganz Spanien über diese Wege getrieben. Da die Wanderschäferei heutzutage keine Rolle mehr spielt, werden diese alten Viehwege kaum noch genutzt und verbuschen zusehends.

Während der Fahrt kamen Gedanken in mir auf, wie dieser Streckenabschnitt bei Gegenwind und Regen zu bewältigen wäre. Wahrscheinlich Verzweiflung, Absteigen und resignierendes Schieben. Trotz dieser schlechten Piste konnte ich dank der unplattbaren, dicken Reifen meiner „bicicletta" mit gutem Tempo vorankommen und erreichte nach einigen kleinen Pausen Ledigos. Ein Schild zeigte mir an, dass es bis Sahagún nur noch 16 Kilometer waren, und so beschloss ich, bis dahin weiterzufahren. Es folgten noch einige Anstiege, die ich aber fahrend überwinden konnte, und ich kam gegen 20.00 in Sahagún an. Dank des enormen Rückenwinds hatte ich heute zwei Tagesetappen geschafft. Am Ortseingang fand ich sofort ein sehr gutes Drei-Sterne-Hotel und an der Rezeption erhielt ich noch zehn Prozent Pilgerrabatt auf den Übernachtungspreis. Nach ausgiebigem Duschen bin ich in die Stadt gegangen und habe auf Empfehlung einer einheimischen Frau ein sehr gutes Restaurant gefunden, dort sehr üppig und gut gegessen und habe gegen 23.00 mein Bett im Hotel erreicht.

Wetter: wolkenlos, Rückenwind!, Temperaturen bis 20 Grad.

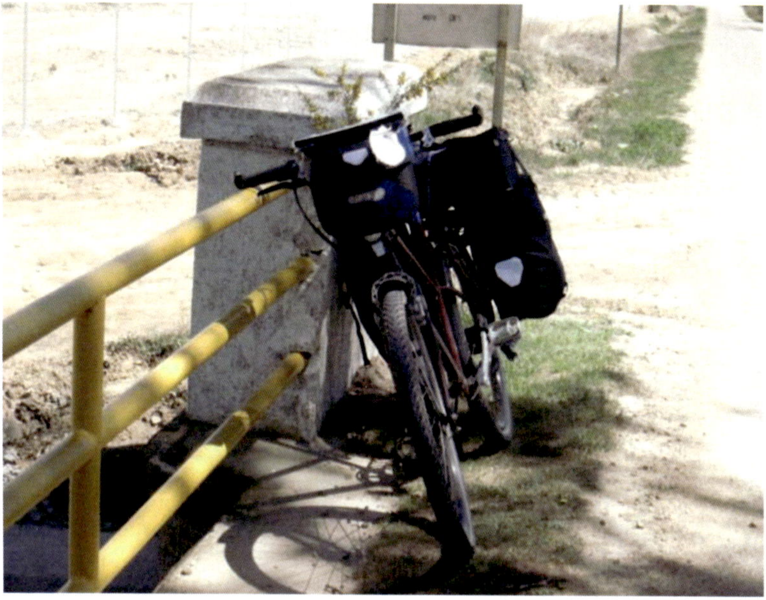

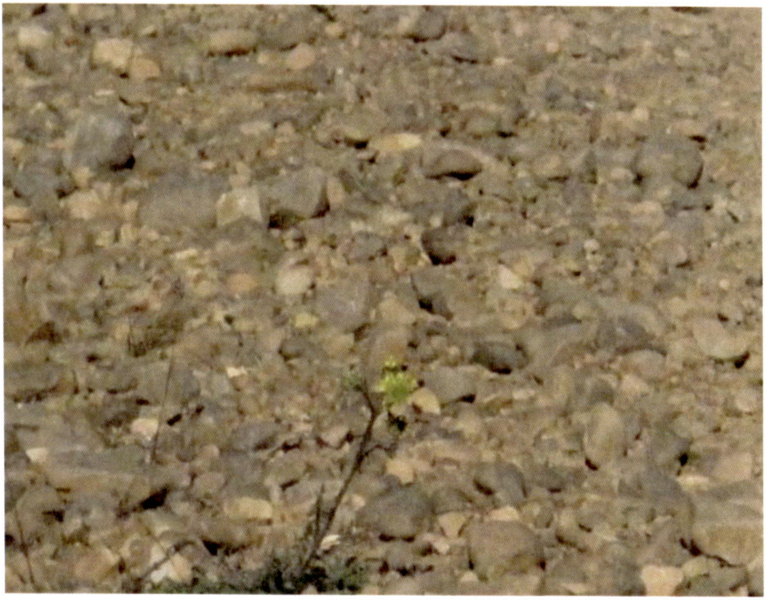

9. Etappe – So., 03.5.2009　　　　67 km

Sahagún – Bercianos del Real Camino – El Burgo Ranero – Reliegos – Mansilla de las Mulas – Puente Villarente – Alto del Portillo – León

Obwohl ich mit Sahagún die flache Tierra de Campos hinter mir gelassen hatte, änderte sich die Landschaft zunächst wenig. Sie blieb einsam und gleichförmig. Nun lockte aber schon das schöne Etappenziel León und ich radelte zügig auf Wegen und Straßen in den Dunstkreis der Großstadt, wo mich immer mehr der gnadenlose spanische Autoverkehr einholte.

Da es gestern sehr spät geworden ist, bin ich heute am Sonntag erst gegen 09.00 aufgestanden. Überrraschenderweise gab es hier kein landestypisches Frühstück, sondern ich konnte mich an einem sehr ausgewogenen Buffet laben. Nach dem Frühstück startete ich gegen 10.00 bei zehn Grad und wolkenlosem Himmel. Sämtliche Kirchen, an denen ich vorbeikam, waren leider geschlossen und somit gelang es mir nicht, einen Pilgerstempel zu ergattern. Es herrschte nach wie vor Rückenwind; vielen, vielen Dank; die Temperaturen stiegen weiter an, so dass ich nach ca. zehn Kilometern auf einem Rastplatz meine Bekleidung wechseln konnte; T-Shirt und kurze Hose waren nun angesagt. Anschließend ging es über eine einsame und gleichförmige Strecke nach Mansilla de las Mulas. Am Ortseingang habe ich eine Pause eingelegt und mich mit einem älteren französischen Fußpilgerpaar unterhalten; wir haben uns dann gegenseitig fotografiert. Obwohl meine französischen Sprachkenntnisse 50 Jahre zurückliegen und ich sie auch bis zu diesem Treffen kaum nutzen konnte, war ich doch über die Leichtigkeit der Verständigung verblüfft und verwundert – war es vielleicht die Aura des Camino?

Mein nächster Versuch, einen Pilgerstempel in der Kirche am Rand des Marktplatzes zu erhalten, scheiterte deshalb, weil gerade ein Gottesdienst abgehalten wurde. Ich verbrachte daher eine Weile auf einer Bank am Marktplatz und kam auch in Gespräche mit einheimischen Marktbesuchern und -beschickern. Plötzlich kam eine ältere Kirchenangestellte auf mich zu – sie hatte mich vermutlich gesehen, als ich die Kirche betrat – und führte mich ins Kirchenbüro und stempelte meinen Pilgerpass.

Am Ortsausgang von Mansilla de las Mulas überquerte ich die enge Brücke Puente Villarente. Nun folgte ein schlechter und steiler Weg, den ich überwiegend nur schiebend bewältigen konnte, und ich erreichte bald Arcahueja. Hier gab es den ersten Blick auf das tief im Tal liegende León. Auf der nun folgenden Landstraße bin ich an den nach León zeigenden Pfeilen vorbeigefahren, da ich wieder einmal überheblich der Meinung war, bequemer über eine Straße nach León zu gelangen. Nach etwa vier Kilometern stellte ich fest, dass diese Straße nicht nach León, sondern ins Landesinnere führte. Also musste ich wieder steil bergauf zurückfahren und habe somit einen Umweg von acht Kilometern gemacht – Überheblichkeit muss eben bestraft werden! Nun folgte ich aber den Pfeilen, die ich vorher ignoriert hatte, und kam auf einen Streckenabschnitt, den man kaum befahren oder begehen kann. Es handelte sich um eine steile, gewundene, lehmige, grabenähnliche und sehr gefährliche Piste. Langsam und mit viel Mühe habe ich diesen Abschnitt überwunden und erreichte gegen 16.00 León. Recht zügig bin ich dann bis zur Kathedrale gefahren und habe mich auf Quartiersuche begeben. Ganz in der Nähe der Kathedrale, an der Plaza San Isidoro, habe ich ein kleines Hostál in bester Qualität und Ausstattung gefunden. Ab 19.00 habe ich einen ersten Stadtrundgang gemacht und danach in einer Bar gegessen. Mein erster Eindruck von León war, dass diese Stadt Pamplona und Burgos bei Weitem übertrifft. Die Kathedrale, Fußgängerzonen, historische Bauwerke, Geschäfte, Promenaden, Bars und die zahlreichen bummelnden Menschen, die gesamte Stimmung waren einfach überwältigend. Gegen 22.00 war der heutige Tag für mich beendet und ich bin ins Hostál zurückgekehrt.

Wetter: wolkenloser Himmel, starker Rückenwind, Temperaturen bis 23 Grad.

03.05.09

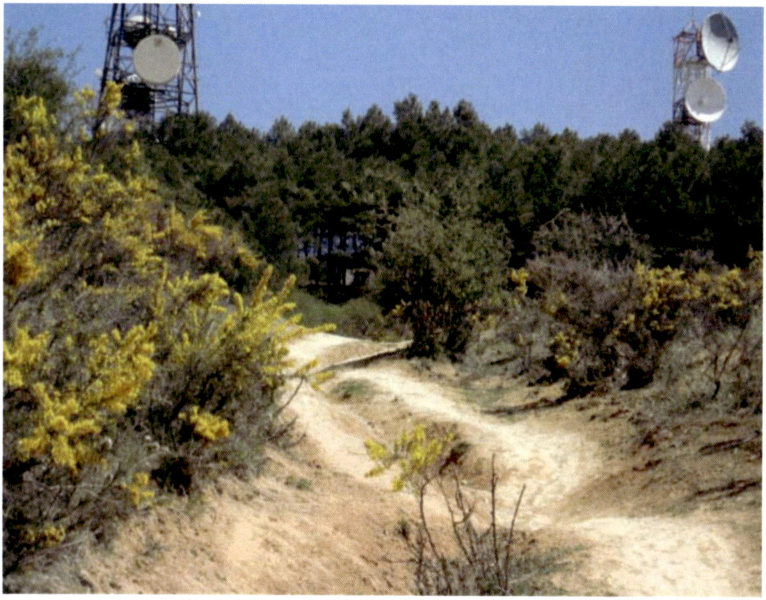

Aufenthalt – Mo., 4.5.2009

León

León kann auf eine gut 2000-jährige Geschichte zurückblicken. Gegründet wurde der Ort als Lager der VII. römischen Legion und 988 von den Mauren zerstört. Nach dem Wiederaufbau wurde León zu einem wichtigen Stützpunkt der Reconquista und zu Beginn des 10. Jahrhunderts sogar Hauptstadt des Königsreichs Asturien-León. Die Vereinigung mit dem kastilischen Reich beendete diese Ära 1230. Aber wie die meisten Orte am Jakobsweg profitierte auch León von den Pilger- und Handelsströmen, so dass der Bedeutungsverlust praktisch nur ein politischer war. Heute ist León Provinzhauptstadt mit ca. 150.000 Einwohnern. Das Stadtbild spiegelt die wechselvolle Geschichte wider. Gebäude, weltliche wie kirchliche, in allen Stilrichtungen säumen die Straßen. Auch wenn diese heute zum Teil nicht mehr besonders gut erhalten sind, bekommt man einen sehr guten Eindruck vom ursprünglichen Stadtgefüge Leóns. Diesen Stilmix aus Romanik, Renaissance, Barock und Gotik, teilweise versetzt mit maurischen Einflüssen, entdeckt man am besten auf den drei Plätzen der Altstadt, der Plaza Mayor, Plaza San Martin und Plaza San Marcelo. Während auf der Plaza Mayor noch der Barock herrscht, trifft man direkt gegenüber auf gotisch beeinflusste Herrenhäuser. Aus dem Rahmen fällt da ein wenig die Casa Botines von Gaudí, die mit ihrem neogotischen Modernismus des späten 19. Jahrhunderts ihrer Zeit voraus zu sein scheint. In den Straßen und Gassen der Altstadt herrscht eine angenehme südländische Atmosphäre, überall wartet das nächste Café oder Restaurant auf die Besucher. Das Viertel hat sich nicht ohne Grund den Spitznamen „El Humedo" – „der Feuchte" verdient.

Die über 60 Meter hohen Türme der Kathedrale Santa Maria de Regla und die Kathedrale selbst sind natürlich das imposanteste Bauwerk. Auf den zahlreichen Türmchen des frühgotischen Baus sitzen an manchen Tagen ganze Kolonien von Störchen. Die Kathedrale ist ein schlanker, ockerfarbener Steinbau mit großen Fensterrosen an der West- und Südfassade. Das durch und durch französisch inspirierte Bauwerk aus dem 13. Jahrhundert, dessen erste Bauphase Meister Enrique leitete, ist eine Symphonie aus Glas: 1.800 Quadratmeter Fensterfläche, zum größten Teil noch original, filtern das Licht mal in sattem Gelb, mal in tiefem Blau, mal in warmem Rot. Im oft lichtgetränkten Inneren fallen nicht nur das Chorgestühl aus Nussbaum und der Hochaltar mit den Tafelbildern auf, sondern vor allem die Luftigkeit der hohen Konstruktion. Durch den Kreuzgang geht es zum Kathedralmuseum, zu dessen Schätzen wertvolle Handschriften, eine Sammlung romanischer Sitzmadonnen und eine westgotische Bibel aus dem 10. Jahrhundert gehören.

Heute Morgen bin ich in die Altstadt gegangen, habe die Kathedrale besichtigt und mir natürlich den obligatorischen Pilgerstempel besorgt. Um die Kathedrale vollständig zu besichtigen, benötigt man mindestens zwei volle Tage. Die Vielfalt der Kreuzgänge, Altäre und Kunstwerke ist verwirrend. Auf dem Platz vor der Kathedrale habe ich das Radfahrerpaar aus Bottrop wiedergetroffen. Wir haben uns mit einem fröhlichen „buen camino" begrüßt, gemeinsam Kaffee getrunken und Erfahrungsberichte ausgetauscht. Sie hatten den hinter Burgos einsetzenden Rückenwind ebenfalls genutzt und sind dadurch längere Etappen gefahren. Die drei Mädels aus Australien haben diese Möglichkeit vermutlich nicht genutzt, denn ich habe sie nicht wiedergetroffen. Anschließend habe ich die Altstadt allein weiter durchstreift und bin zwecks kleiner Siesta ins Hostál zurückgekehrt. Danach habe ich mir meine „bicicletta" geschnappt und habe die Umgebung von und durch León erkundet. Da hier der Río Bernesga und der Río Torio zusammenfließen, sind beide Flüsse mit vielen Radwegen und Promenaden versehen, auf denen ich entlanggefahren bin. Dabei bin ich sowohl am Fußball- als auch am Handballstadion vorbeigekommen. In der Handball-Championsliga hat doch kürzlich die SG Flensburg-Handewitt gegen den Topverein „Ademar León" gewonnen und ist dadurch ins Halbfinale eingezogen. Aber davon wollten die Spanier, die ich darauf angesprochen hatte, nichts wissen. Fußball und natürlich gewonnene Spiele sind ihnen wichtiger. In der Nähe der Stadien befindet sich auch die Stierkampfarena.

Abends habe ich noch einen weiteren Rundgang durch die Gassen der Altstadt gemacht und bin nach einem guten Abendessen gegen 22.00 ins Hostál zurückgekehrt.

04.05.09

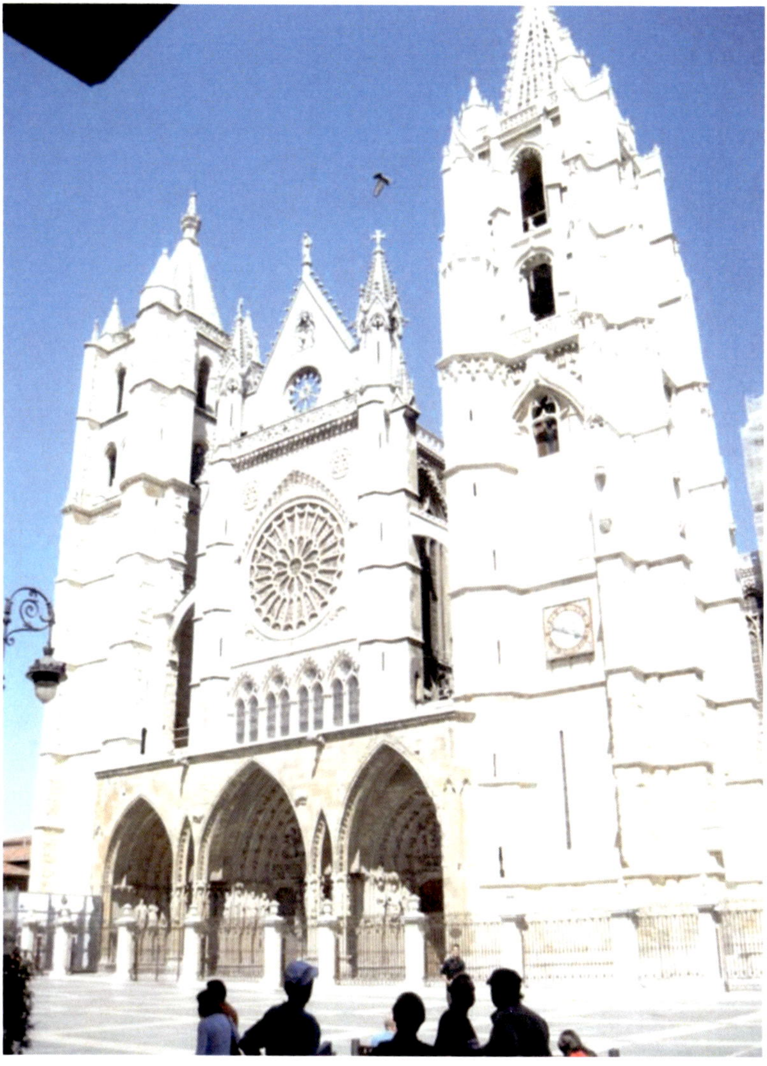

10. Etappe – Di., 5.5.2009   110 km

León – Trobajo del Camino – La Virgen del Camino – Valverde de la Virgen – San Miguel del Camino – San Martín del Camino – Hospital de Órbigo – Crucero – Astorga – Murias de Rechivaldo – Santa Catalina de Somoza – El Ganso – Rabanal del Camino – Foncebadón – Cruz de Ferro – Manjarín – El Acebo – Riego de Ambrós – Molinaseca – Ponferrada

Páramo – also Ödland – wird die wunderbare Wildnis hinter León genannt, die nun vor mir liegt. Sie ist zwar karg, jedoch alles andere als öde, im Gegensatz zur flurbereinigten Monotonie unserer sogenannten Kulturlandschaften.

Um 08.15 bin ich in León gestartet und habe wieder einmal nicht die richtige Streckenführung gefunden. Infolge des starken Berufsverkehrs war es auch nicht so einfach. Aber ein Hinweisschild auf die Nationalstraße 120 hat mich dann letztendlich auf die korrekte Etappenroute geführt. Nun ging es wieder sofort eine längere Strecke bergauf. An das Bergauffahren hatte ich mich inzwischen gewöhnt, aber wenn die Anstiege längere Ausmaße annehmen, kommt doch mehr oder weniger Frust auf.

Da Wegbeschaffenheit und teilweise auch Streckenführung als sehr schlecht und schwierig beschrieben waren, bin ich bis Hospital de Órbigo auf der Nationalstraße 120 geblieben. Am Ortseingang überquerte ich die beeindruckende, 20-bögige Brücke über den Río Órbigo. Die Landschaft änderte sich kaum, Sehenswürdigkeiten waren nicht zu entdecken bzw. lagen zu weit abseits und meistens auch sehr hoch. So entschloss ich mich, bis Astorga weiter auf der Nationalstraße zu bleiben. Infolge des glücklicherweise immer noch anhaltenden

Rückenwinds erreichte ich recht bald Astorga. Aber nun folgte ein Anstieg in die Innenstadt, der es in sich hatte. Er war dermaßen steil, dass selbst das Schieben zur Qual wurde. Auf dem Markt angekommen, habe ich zunächst Obst und Wasser für die nächste Etappe eingekauft. Zum ersten Mal auf dieser Tour habe ich in dieser relativ kleinen Stadt ein Exemplar der bekanntesten deutschen Tageszeitung entdeckt und entgegen meiner sonstigen Gewohnheit auch sofort erworben. Bisher hatte ich hinsichtlich Politik-, Wirtschafts- und Sportnachrichten erheblichen Nachholbedarf und las dieses Blatt wissbegierig von der ersten bis zur letzten Seite.

Die Spuren der Römer waren in Astorga nicht zu übersehen. Die verhältnismäßig kleine Stadt verfügt über Ausgrabungen, Bischofspalast, Römermuseum und gotische Kathedrale, die leider auf Grund von Renovierungsarbeiten geschlossen war.
Wie schon León ist auch Astorga eine ehemalige Siedlung der Römer (Asturica Augustea). Die Stadt liegt an der Kreuzung zweier Wege, die entscheidend für die Stadtgeschichte waren: die alte Römerstraße Via de la Plata, die ein bedeutender Handelsweg vom Norden in den Süden war, und natürlich der Jakobsweg. Römische Zeugnisse sind noch in Form der Stadtmauer erhalten, zeitweise wurden auch archäologische Funde rund um die Mauer wie z. B. Teile von Thermen, Basiliken und eines Kanalsystems ausgestellt. Bestimmend für das heutige Stadtbild jedoch sind die Kirchen, Klöster und Refugien, die die Pilgerströme in die Stadt gebracht haben – im Mittelalter zählte man rund 20 Refugien für die Jakobspilger. Davon sind heute natürlich nur noch wenige erhalten. Das Pilgermuseum bietet dafür eine gute Möglichkeit, sich ein Bild von der Geschichte des Jakobswegs und seinen Stationen zu machen. Das Museum ist im sogenannten Bischofspalast untergebracht. Der Palast geht geht auf einen Entwurf von Antoni Gaudí zurück. Die Bauarbeiten begannen 1889, wurden jedoch nicht vor 1913 abgeschlossen, da es Differenzen mit den Bauherren gab, so dass das Gebäude letztendlich nie als Sitz des Bischofs genutzt wurde. Wie schon in León ist auch dieses Gebäude ganz im neogotischen Stil gestaltet.

Nach der Lesestunde kehrte ich zu meiner „bicicletta" zurück und entdeckte am Lenker einen handbeschriebenen Zettel. Dieser stammte von dem Paar aus Bottrop; sie hatten mein Fahrrad entdeckt und Nachrichten und Grüße hinterlassen. Offenkundig hatten sie ebenso wie ich den zuvor beschriebenen Rückenwind genutzt. Die drei Australierinnen habe ich leider nicht wiedergetroffen, sie sind die Streckenabschnitte vermutlich ruhiger und etwas langsamer angegangen.

Durch die karge Landschaft der Maragatería ging es nun hinauf in die Montes de León, wo sich mit dem „Cruz de Ferro" eine der bekanntesten Stationen des Jakobswegs befindet. Dort, am Fuße des Kreuzes, legt man nach alter Tradition den Stein ab, den man aus der Heimat üblicherweise hierher bringt.

Nun wollte ich noch ca. 20 Kilometer bis Rabanal del Camino fahren. Während einer Pause in Santa Catalina de Somoza im Blumengarten einer kleinen hübschen Herberge bin ich mit einem älteren Paar aus Nürnberg ins Gespräch gekommen. Sie wollten noch vier Kilometer bis El Ganso gehen und sich dort einquartieren. Meine Herkunft aus Schleswig-Holstein bewirkte bei beiden eine Lobestirade über die Ostseeküste und die Holsteinische Schweiz, war er doch in früheren Jahren bei der Marine in Kiel stationiert und kannte sich somit sehr gut in der Gegend aus. Von hier aus waren es nur noch acht Kilometer bis zum „Cruz de Ferro" und so beschloss ich, dieses Stück bis zum Gipfel anzuhängen. Teilweise wieder schiebend und inzwischen stark schwitzend bin ich gegen 18.00 dort angekommen. Sofort entdeckte ich den berühmten langen Baumstamm mit dem bescheidenen Kreuz, umgeben von einem riesigen Steinhaufen. Den Steinhaufen habe ich dann insofern bereichert, indem ich meinen von zu Hause mitgebrachten Stein dort abgelegt habe. Die Tradition des „Steineaufschichtens" reicht über tausend Jahre bis in vorrömische Zeit zurück.
Neben vielen Fuß- und Radpilgern traf ich hier auf eine Busreisegruppe aus Hamburg, bestehend ausschließlich aus älteren Damen. Als Erstes kritisierten einige von ihnen, dass ich keinen Fahrradhelm trug; die spanische Polizei hatte das bisher übrigens überhaupt nicht interessiert, obwohl in Spanien

Helmpflicht besteht. Mit Helm fühle ich mich zu sehr eingeengt und somit habe ich es unterlassen. Vom „Cruz de Ferro" ging es nun endlich abwärts nach Manjarín. Unterwegs wurde ich von einer Glocke begrüßt, die vor der Herberge von Tomas stand. Die Herberge bestand aus einigen kleinen und armseligen Holzhütten inmitten eines Blumengartens mit Baumbestand. Tomas ist eine der bekanntesten Persönlichkeiten des Camino, war jedoch nicht anwesend. Nachdem ich einen Kaffee getrunken und mir den Pilgerstempel besorgt hatte, gab ich den Anwesenden eine kleine Geldspende (das ist hier die übliche Gepflogenheit) und machte mich wieder auf den Weg. Zunächst folgte wieder ein zwar kurzer, aber umso steilerer Anstieg, und dann ging es rasant bergab. Den Bus mit der Hamburger Reisegruppe, er hatte mich beim letzten Anstieg überholt, hatte ich in kurzer Zeit wieder eingeholt. Die Abfahrt war nun so steil, dass ich eine Geschwindigkeit von über 60 Stundenkilometern erreichte. Durch die Konzentration auf Strecke und Serpentinen konnte ich kaum auf den Tacho schauen, doch als ich die Geschwindigkeit realisierte, bin ich vorsichtig in die Bremsen gestiegen und habe die Geschwindigkeit reduziert. Der Busfahrer vor mir bemerkte, dass ich nun ständig in seinem Windschatten fuhr, hielt daraufhin an und ließ mich vorbeifahren. Die rasante Abfahrt setzte sich bis kurz vor Ponferrada fort. Es folgte wiederum ein steiler Anstieg, den ich schiebend bewältigte, und ich erreichte gegen 20.00 Ponferrada. Hier habe ich schnell ein gutes Hotel gefunden, und nachdem ich ausgiebig geduscht hatte, habe ich noch eine kleine Stadtbegehung gemacht. Anschließend habe ich im Hotel ein ansprechendes Pilgermenue inclusive einer Flasche Vino tinto für 10,50,-- € zu mir genommen. An der Hotelbar habe ich dann noch eine akzentfrei deutsch sprechende Perua-

nerin getroffen, wir hatten ein nettes anregendes Gespräch. Ihre perfekten Sprachkenntnisse hatte sie als Au-Pair-Mädchen in Henstedt-Ulzburg bei Hamburg erworben.
Gegen 22.30 war der heutige Tag für mich zu Ende und ich habe mich zur Ruhe begeben.
Bedingt durch den Rückenwind bin ich trotz der vielen Anstiege zwei Tagesetappen gefahren.

Wetter: anfangs noch kühl bei ca. acht Grad, ab mittags wärmer und wolkenlos bis 25 Grad.

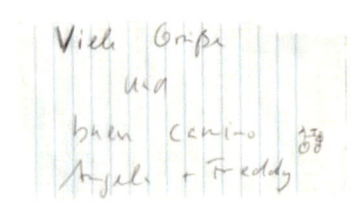

11. Etappe – Mi., 6.5.2009   59 km

Ponferrada – Cacabelos – Villafranca del Bierzo – Pereje – Trabadelo – Vega de Valcarce – Pedrafita do Cebreiro

Durch die Gartenlandschaft des fruchtbaren Bierzo führt der Weg hinauf zur Grenze Galiciens zum Pass Pedrafita do Cebreiro. Das Bergland erinnert mit seinen grünen Weiden an das bayerische Voralpenland.

Bedingt durch die gestrige lange Etappe und da ich noch bis 01.00 gelesen hatte (zwecks Vorbereitung auf die nun folgenden schweren Teilstrecken), bin ich erst um 08.15 aufgestanden und habe das bekannt spärliche Frühstück eingenommen. So bin ich erst gegen 09.30 gestartet.

Die Streckenkennzeichnung in Ponferrada war äußerst schlecht markiert, da die Richtungspfeile durch diverse Baustellen verdeckt waren, und so habe ich eine geschlagene Stunde gebraucht, um die Stadtgrenze zu erreichen. Nun ging es auf befestigten Wegen durch eine Gartenlandschaft, die in ein fruchtbares Obst- und Weinanbaugebiet führte – die Bierzo-Ebene.

Jetzt führten die Wege ständig durch und über Weinberge. Bei mir stellte sich das Gefühl ein, dass beim Begriff „Weinberge" die Betonung mehr auf „Berge" liegt. Ständig beraufund bergab, gefühlt ging es aber nur bergauf. Die Wegbeschaffenheit wurde ständig schlechter und somit ging es wieder mühsamer weiter. In Camponaraya habe ich an einer Bodega angehalten, eine kleine Besichtigung gemacht, einen sehr guten Vino tinto gekauft und im Büro auch einen Pilgerstempel erhalten. Über einen Feldweg und eine kleine Teerstraße erreichte ich den sehr schönen und anmutigen Ort Cacabelos. Hier fielen mir am Ortseingang die alten Häuser mit ihren ausladenden Balkonen auf, die typisch für diese Region sind. In Villafranca del Bierzo habe ich Wasser und Brot gekauft und dann ging es hoch in die Berge. Die Höhe der vor mir liegenden Bergkette versprach einen anstrengenden Nachmittag. Anfangs ging es nicht sehr steil hoch, aber permanent bergauf, es gab kein ebenes Teilstück mehr. Ich konnte nur noch im ersten Gang fahren, musste viel schieben, anhalten und immer wieder trinken. So wand sich die mäßig befahrene Straße etwa 30 Kilometer hoch in den kleinen Passort Pedrafita do Cebreiro.

Dieses Teilstück hat mir alles abverlangt. Während des Schiebens schwoll mein linker Oberschenkel immer mehr an, die linke Hüfte und das Becken taten weh (Folgen des Unfalls im September 2006). Da weit und breit kein Gasthaus oder keine Herberge in Sicht war, konnte ich mir auch keine Getränke besorgen, denn mein Wasservorrat war inzwischen aufgebraucht. Und plötzlich hörte ich die Stimme von Helga wieder. Sie rief mir zu: „Nicht aufgeben, du bist jetzt viel näher bei mir und du schaffst es bis zum Ziel!" Dadurch brachte ich die Kraft auf, weiterzufahren, aber meistens musste ich schieben. Ich hatte nun keine Blicke mehr für die schöne, aber schroffe Landschaft übrig.

Unterwegs überholen mich zwei Mountainbiker, sie fuhren ohne Gepäck und hatten es dadurch leichter, die Steigungen zu bewältigen. Fußpilger habe ich auf diesem Abschnitt nicht mehr gesehen. Endlich, etwa eine halbe Stunde nach dem Überholmanöver der Mountainbiker, hatte ich Pedrafita erreicht und traf dort wieder auf diese. Sie klatschten in die Hände und zollten mir anerkennend Respekt. Wir unterhielten uns und tauschten Erfahrungen aus. Ich war aber inzwischen dermaßen geschafft, nein, ich war völlig fertig und habe mich entschlossen, nicht mehr weiterzufahren. In Sichtweite unseres Treffpunkts befand sich ein Hostál, ich bekam dort ein Zimmer, habe lange geduscht und danach eineinhalb Stunden geschlafen. Anschließend bin ich durch dieses kleine, nüchterne, aber in einem hohen, schönen Talkessel gelegene Dorf gegangen, habe danach im Zimmer meinen Proviant verzehrt und mich gegen 21.30 zum Schlafen hingelegt.

Wetter: wolkenlos und warm, 25–27 Grad.

06.05.09

12. Etappe – Do., 7.5.2009 79 km

Pedrafita do Cebreiro – Cebreiro – Hospital da Condesa – Alto do Poio – Fonfría – Triacastela – San Cristovo do Real – Samos – Pascais – Aguida – Sarria – Barbadelo – Mercado da Serra – Peruscallo – Ferreiros – Vilachá – Portomarín

Um 07.30 bin ich aufgestanden, habe gefrühstückt und bin gegen 08.15 losgefahren. Nach dem Ortsende ging es hinter der ersten Kurve gleich wieder stark aufwärts. Hier wäre ich gestern Abend nicht mehr hochgekommen, insofern war die gestrige Entscheidung richtig. Nach ca. drei Kilometern musste ich Jacke und lange Hose ausziehen und auf sommerliche Bekleidung wechseln, da der Schweiß jetzt schon in Strömen floss. Kurz nach dem Umziehen überholten mich die Mountainbiker vom Vortag sowie drei weitere spanische Mountainbiker, die ich allerdings später mehrfach wieder einholte. Auf der Passhöhe kurz hinter O Cebreiro meinte ich, bereits auf dem Alto do Poio zu sein, was sich allerdings als Irrtum herausstellte.

Seit der Passhöhe befinde ich mich nun in Galicien, der westlichsten und regenreichsten Provinz Spaniens. Typisch sind die runden Steinhäuser mit Strohdach, Palloza genannt, sowie die auf Stelzen stehenden Getreidespeicher (Horreos), die vor allem im Unterland oft zu sehen sind. Die Umgangssprache ist Galicisch, was ich allerdings nur auf den Straßenschildern und Ortsnamen bemerkt hatte. O Cebreiro ist sowohl ein bedeutender Wallfahrtsort als auch ein beliebtes Naherholungsgebiet und zieht deshalb viele Besucher an. Eine besonders schön hergerichtete Palloza beherbergt ein ethnografisches Museum, das darüber informiert, wie die Bewohner dieser Häuser lebten.

Kurze Zeit später erreichte ich dann den Alto do Poio mit dem berühmten Pilgermonument. Hier kam ich mit einigen holländischen Fußpilgern ins Gespräch und anschließend haben wir uns gegenseitig fotografiert. Nun sollte eigentlich die wohlverdiente Abfahrt kommen, aber nach einer kleinen leichten Strecke führte die Straße wieder steil bergauf. In einem völlig überfüllten Berggasthaus legte ich eine Pause ein; danach führte die Straße stark bergab und so fuhr ich mit hoher Geschwindigkeit bis Triacastela. Nun folgten wieder einige kleine Anstiege und dann ging es überwiegend bergab nach Samos. Hier habe ich das Kloster besichtigt und mir im Klosterbüro den Pilgerstempel besorgt.

Das Kloster wurde bereits im 6. Jahrhundert gegründet und zählt somit zu den ältesten Klöstern Spaniens. Die heutige Anlage im Renaissance- und Barockstil stammt fast ausschließlich aus dem 16.–18. Jahrhundert.

Da Samos ansonsten nicht viel zu bieten hatte, fuhr ich nach der Klosterbesichtigung weiter Richtung Sarria. Nun ging es durch eine liebliche Landschaft über Berg und Tal. Die Strecke führte jetzt überwiegend durch Hohlwege (sogenannte Corredoiras), die normalerweise kaum mit einem Fahrrad zu bewältigen sind. Für normale und ungeübte Radfahrer hätte im Reiseführer unbedingt ein Hinweis auf Alternativstrecken vermerkt sein müssen! Der Weg hinter Samos führte steil bergab, war steinig, sehr feucht und nur mit sehr großem Aufwand zu schaffen. Hinter Sarria ging es zunächst an Bahngleisen entlang und kurze Zeit später wieder äußerst extrem aufwärts. Das Vorderrad meiner „bicicletta" rutschte ständig nach rechts und meine Füße hinten weg, mittelgroße Felsbrocken lagen verteilt auf der Wegfläche. Nur mit sehr großer Mühe konnte ich Stürze vermeiden. Inzwischen hatten mich mehrere Fußpilger überholt; sie kamen schneller voran und haben mich bedauert. Nach etwa 45 Minuten erreichte ich völlig abgekämpft eine Hochfläche und etwas später kam ich in Morgade an. Kurz vor

Morgade überholte mich ein athletischer Jogger, der diese unmenschliche Strecke laufend überwunden hatte. Etwas später entdeckte ich am Wegesrand den bekannten Markierungsstein, auf dem angezeigt ist, dass die Strecke bis Santiago de Compostela nur noch 100 Kilometer beträgt. Von nun an nahm auch die Anzahl der Fußpilger wieder zu. Sie werden zum Teil mit Bussen hierhergebracht. Der Grund dafür ist, dass man bei der Ankunft in Santiago im Pilgerbüro den Nachweis erbringen muss, mindestens 100 Kilometer gegangen zu sein. Hinter Morgade folgte wiederum ein Ab- und Aufstieg, die nicht nur schwierig, sondern nahezu lebensgefährlich waren. Riesengroße, glatte Felsen übersäten den Weg. Auf diesen Felssteinen, die teilweise von Wasser umgeben waren, balancierte ich mit dem Fahrrad, die linke Hand am Lenkrad und die rechte Hand am Gepäckträger, über und durch diesen Abschnitt. Ab Peña ging es dann auf einer schmalen Teerstraße steil bergab nach Portomarín. Infolge des hohen Tempos auf diesem Abschnitt hatte ich die gelben Markierungspfeile übersehen und bin dadurch nördlich von Portomarín in dem kleinen Ort Pedrouzos angekommen. Von hier waren es aber nur noch drei Kilometer bis Portomarín, wo ich gegen 17.00 ankam.

Portomarín wird als „Pons Minee" bereits im Mittelalter erwähnt, denn es gab hier einst eine wichtige Furt über den Río Miño. Gemeint ist hier aber der mittelalterliche Ort, der jedoch seit der Aufstauung des Flusses in den Tiefen des Sees ruht. 1956 wurde mit dem Bau der Staumauer begonnen, und man errichtete ein neues Portomarín oberhalb des alten, wobei man die Mühe auf sich nahm, die historischen Bauwerke Stein für Stein abzutragen und wieder zusammenzusetzen.

Ursprünglich wollte ich heute noch bis Palas de Rei fahren, die Entfernung von etwa 30 Kilometern hätte ich noch bewältigen können, aber da ich vermutete, dass die Streckenführung und Wegbeschaffenheit ähnlich wie zuvor beschrieben ausfiel, habe ich davon Abstand genommen und mich auf Quartiersuche begeben. Wiederum recht schnell hatte ich gegenüber der Kirche eine preiswerte und mit guten Zimmern ausgestattete Pension gefunden, ein halbstündiges Bad genommen und eine Stunde geschlafen. Anschließend habe ich die Stadt besichtigt und an einem Gottesdienst teilgenommen.

Bevor ich meine Reise angetreten hatte, habe ich einen Freund im Krankenhaus besucht. Er war schwer erkrankt und sein Gesundheitszustand war besorgniserregend. In der Kirche von Portomarín habe ich an ihn gedacht und eine Kerze für ihn angezündet in der Hoffnung, dass er die Erkrankung übersteht, und für ihn gebetet.

Wetter: wolkenlos und Temperaturen bis 25 Grad.

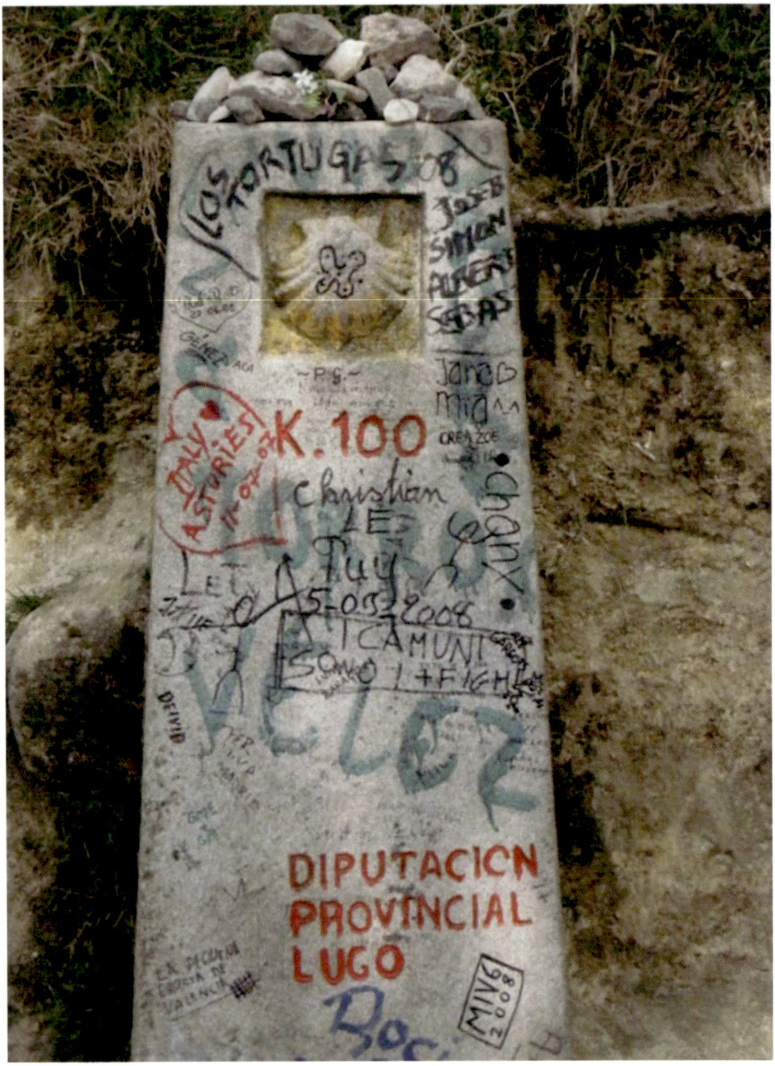
K.100
DIPUTACION
PROVINCIAL
LUGO

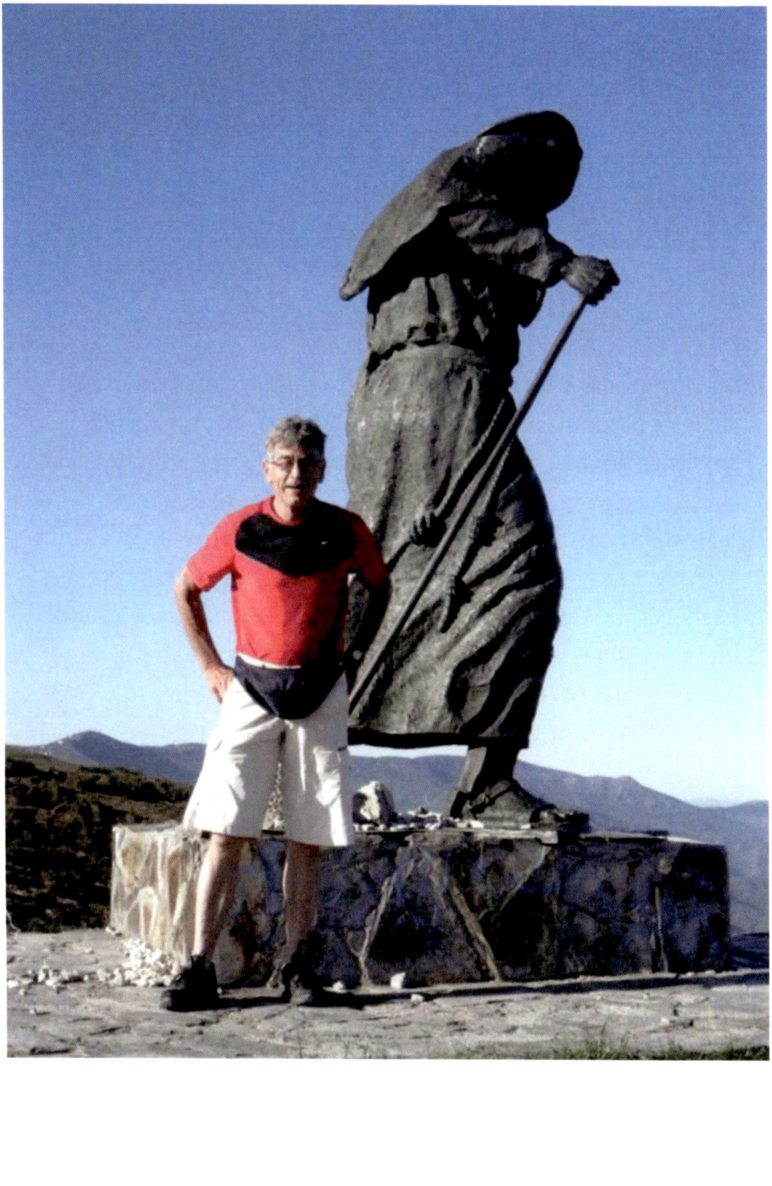

13. Etappe – Fr., 8.5.2009 97 km

Portomarín – Gonzar – Hospital – Ligonde – Lestedo – O Rosario – Palas de Rei – San Xiao – Casanova – Coto – Furelos – Melide – Ribadiso – Arzúa – Cortobe – Santa Irene – Pedrouzo – Arca – Lavacolla – San Marcos – Santiago de Compostela

Die Route nach Santiago folgt dem Verlauf der vielbefahrenen Hauptstraße N 547. Teilweise ist man jedoch weit von ihr entfernt und man kann zusammen mit den Fußpilgern die wunderschöne Landschaft genießen. Es bereitet aber wiederum viel Mühe, denn es gilt, so manche steile und steinige Passage zu überwinden.

Für heute hatte ich mir vorgenommen, bis Santiago durchzufahren. Nach dem üblichen spartanischen Frühstück bin ich gegen 08.15 bei wolkigem und kühlem Wetter gestartet und musste gleich hinter Portomarín einen ca. zwei Kilometer langen steilen Anstieg auf einem Sand-/Kiesweg überwinden. Danach ging es ein kurzes Stück auf einer Landstraße weiter, anschließend auf einem schlechten und steinigen Weg mit vielen Anstiegen, dadurch wieder oft schiebend, in Richtung Hospital da Cruz. Nun setzte leichter Nieselregen ein und Nebelschwaden umhüllten mich, so dass ich wieder meine Jacke anziehen musste. Von Hospital da Cruz bis Palas de Rei fuhr ich teilweise auf kleinen, mit Schlaglöchern versehenen Teerstraßen und ganz engen, steinigen Hohlwegen durch viele kleine Dörfer. Diese Dörfer waren zum Teil wie ausgestorben und verfallen und wirkten infolge des Nebels wie Geisterorte. Kurz vor Palas de Rei kam hin und wieder die Sonne durch und ich konnte mich wieder von meiner Jacke befreien. In Palas de Rei habe ich eine Pause eingelegt und mir im Reiseführer die weitere Streckenführung angesehen. Die Straßenführung wies sehr viele Anstiege auf und ich entschloss mich daher, weiterhin den Fußpilgerweg zu benutzen. Wie sich nachträglich herausstellte, war die Entscheidung falsch. Nun ging es halsbrecherisch hoch und runter, durch Bach- und Flussfurten und über riesige Felsen schiebend und balancierend – es war lebensgefährlich! In Peroxa kreuzte der Pilgerweg die N 547; nach den zuletzt gemachten Erfahrungen bin ich nun auf der Straße weitergefahren. Auf der Straße hatte ich nicht mehr so viele Anstiege zu bewältigen wie vermutet und sie waren auch nicht mehr so steil. Allerdings war diese Strecke länger als die auf dem Fußpilgerweg, aber ich kam sehr zügig voran. Inzwischen hatte ich auch festgestellt, dass mir das Bergauffahren leichter fiel; ich hatte meinen Tretrhythmus umgestellt. Gegen 16.00, ca. 30 Kilometer vor Santiago, habe ich an einer Straßenböschung Rast gemacht und meinen restlichen Proviant verzehrt. Dann ging es flott über Santa Irene bis Amenal weiter. Ab hier führte die Straße wieder bergauf und nach einem ca. fünf Kilometer langen Anstieg erreichte ich den Kreisel vor dem Flughafen von Santiago. Hinter dem Kreisel befand sich das Muscheldenkmal mit dem Muschelsymbol und dem Schriftzug **"Santiago de Compostela"**. Als ich vor dem Denkmal zum Stehen kam, konnte ich nicht mehr vom Fahrrad absteigen; ich war mental und körperlich gelähmt und mir sind die Tränen gekommen, ich war völlig erstarrt und total abwesend. Vor dem Denkmal saßen vier Fußpilger und bemerkten meinen Zustand. Sie boten mir Hilfe an, wollten einen Arzt benachrichtigen, was ich allerdings ablehnte. Sie halfen mir vom Rad, versorgten mich mit Energieriegeln und Getränken und nach ca. 15 Minuten hatte ich mich wieder gefasst und einigermaßen erholt. Nun glaubte ich, dass es die letzten 15 Kilometer bis Santiago bis in die Stadt berab ginge. Leider war die Vermutung ein Irrtum, denn es folgten weitere vier bis fünf

Anstiege, die ich mit sehr großer Mühe schiebend bewältigte. Ab Monte do Gozo ging es dann endlich bergab nach Santiago. Das Ortsschild **„Santiago de Compostela"** erreichte ich gegen 18.40. Ein noch nie gekanntes Triumphgefühl stieg in mir auf und ich schrie viele Male „hurra, hurra, hurra". An der ersten Bar hinter dem Ortsschild hielt ich an und ging mit wackeligen Beinen hinein und bestellte mir ein großes Bier und einen Carlos III. Die dort anwesenden Gäste pflaumten mich auch sofort an, dass nun ein betrunkener Peregrino in Santiago angekommen sei. Etwa gegen 19.30 hatte ich die Kathedrale erreicht und mir ganz in der Nähe ein besonders gutes Hotel als Eigenbelohnung gegönnt. Nach einer ausgiebigen körperlichen Reinigung bin ich um 21.00 in die Altstadt gegangen, habe eine Kleinigkeit, sehr köstlich, gegessen und bin gegen 22.30 ins Hotel zurückgekehrt. Die Stufen zum Hotel konnte ich kaum noch hochgehen; im Zimmer angekommen, fiel ich förmlich ins Bett und bin umgehend fest eingeschlafen.

Wetter: anfangs bewölkt und nieselnd, nachmittags besser und wärmer.

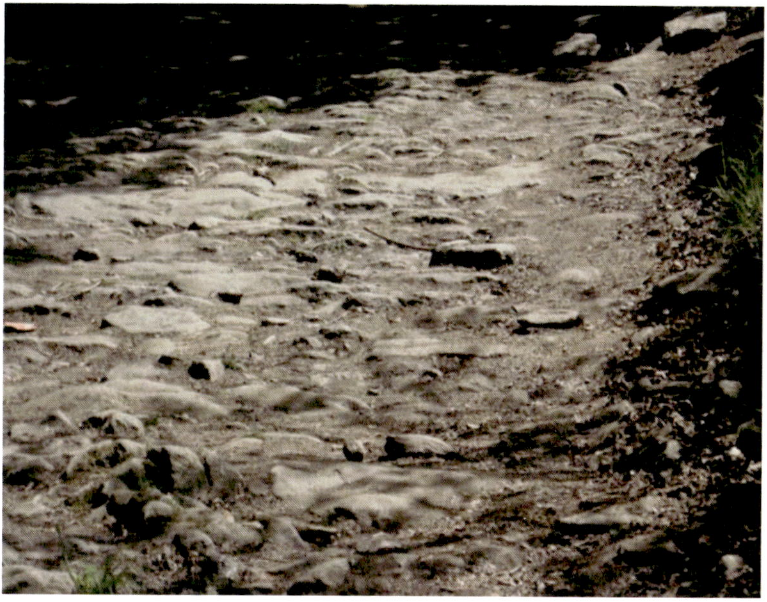

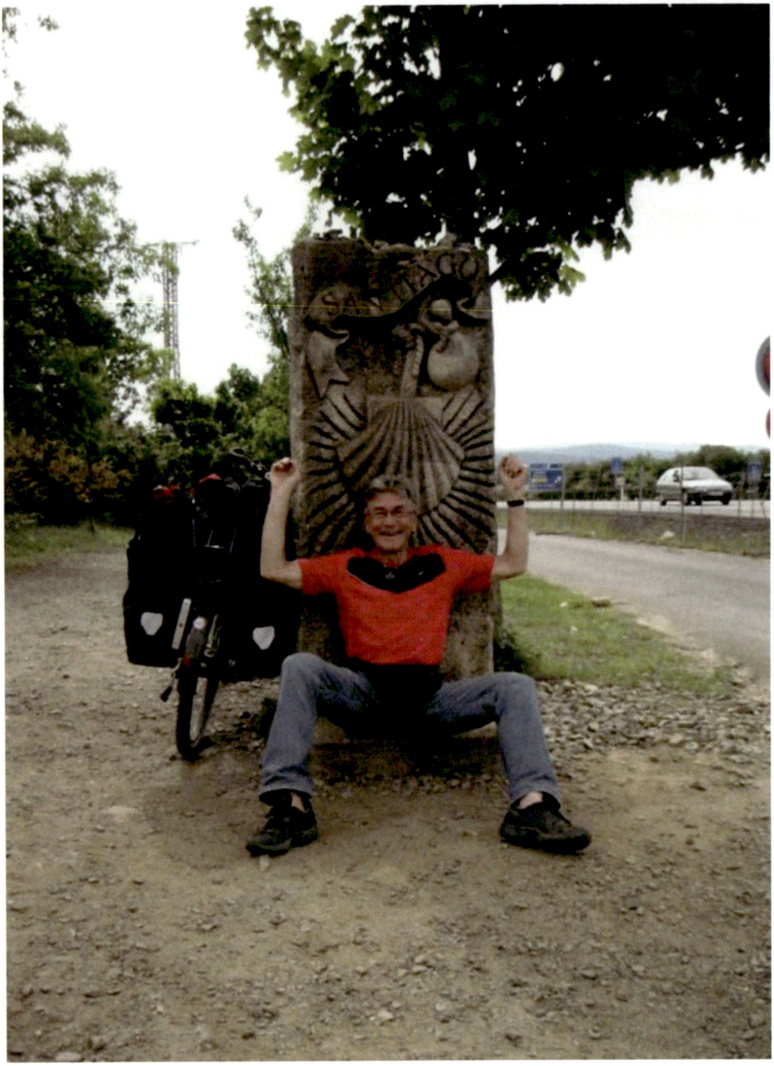

Aufenthalt – Sa., 9.5.2009

Santiago de Compostela

Der Name der Stadt geht auf den Heiligen Jakob zurück, dessen Grab ein Einsiedler im 9. Jahrhundert auf einem Sternenfeld (Compostela) gefunden haben soll. Die Stadt hatte damit ihren Ursprung und entwickelte sich bald zu einem geistigen Zentrum im Kampf gegen die Mauren. Der Emir von Córdoba schickte darauf 997 den gefürchteten Feldherrn Almanzor nach Santiago, der mit seinen Truppen die gut 100 Jahre zuvor errichtete Pfeilerbasilika samt der umliegenden Bauten kurz und klein schlug. Damals bewertete so mancher Bewohner den Überfall als Vorboten der anstehenden Apokalypse der Jahrtausendwende. Doch statt unterzugehen, blühte Santiago dann richtig auf. Bereits 1188 war die romanische Kathedrale an der Stelle der einstigen Basilika mit ihrem Pórtico de la Gloria fertig gestellt. Die Stadt avancierte zu einem der bedeutendsten Pilgerziele der europäischen Christenheit. Allerdings hielt der Ruhm nicht lange an. Während die Kathedrale im 17. Jahrhundert ihre barocke Westfassade und die Zwillingstürme bekam, wurde es auf dem Jakobsweg nach Santiago und in den Gassen der Stadt immer stiller. Ganz Galicien wandelte sich schon seit der Reformationszeit vom Mittelpunkt der religiösen Welt zur bloßen Randerscheinung.. Politisches Gewicht bekam die Stadt erst wieder 1981 mit dem neuen Autonomiestatut der Nach-Franco-Zeit. Seitdem wacht der galicische Präsident im Parlament über die Geschicke der vier Provinzen Galiciens, wobei Santiago administrativ der Provinzhauptstadt A Coruña untergeordnet ist.

Heute Morgen bin ich um 09.00 aufgestanden und habe mich am reichhaltigen Frühstücksbuffet gelabt. Danach bin ich ins Pilgerbüro in der Kathedrale gegangen, um mir die Pilgerreise bestätigen zu lassen. Kurz nachdem ich mich in die lange Warteschleife der Pilger eingereiht hatte, bemerkte ich, dass sich drei Männer, hinter mir stehend, in deutscher Sprache sehr lebhaft unterhielten. Ich drehte mich um und entdeckte, dass es sich bei einer dieser Personen um den 81-fachen ehemaligen Fußballnationalspieler und heutigen Präsidenten des 1. FC Köln, Wolfgang Overath, handelte. Wir kamen sofort in ein ca. einstündiges Gespräch, in dem es vor allem um die Fußballära Wolfgang Overath, Günther Netzer, Franz Beckenbauer, Bertie Vogts, Jürgen Grabowski und Co – meine persönliche Fußballaktivität währte ebenfalls in dieser Zeit – und natürlich um die aktuelle Fußballbundesliga ging. Nebenbei erfuhr ich, dass Herr Overath und seine Begleiter 100 Kilometer auf dem Jakobsweg bis Santiago gepilgert waren.

Im Pilgerbüro wurde mir unter der laufenden Nummer 042502 der Pilgerpass „Credencial del Peregrino" amtlich abgestempelt und somit bestätigt, dass ich den gesamten Camino Français in einer Strecke bewältigt hatte. Darüber hinaus erhielt ich die „Compostela" in lateinischer Sprache mit meinem nun neuen Namen „Vilfridum Mast".

Die Kathedrale selbst ist im Kern romanisch, ihre prachtvolle Fassade wurde erst im 18. Jahrhundert hinzugefügt. Hinter ihr verbirgt sich der romanische Portico de la Gloria. Im Hauptbogen thront Christus als Weltenrichter, insgesamt schmücken 200 Statuen das Portal. Dahinter befindet sich in der Mittelsäule über dem Stammbaum Jesu eine Darstellung des Heiligen Jakob, der hier die Pilger empfängt. An der Ostseite befindet sich die Heilige Pforte. Sie wird nur in heiligen Jahren geöffnet, sonst ist sie zugemauert.

Ein wahrhaft spektakuläres Ereignis findet leider nur zu besonderen Gelegenheiten statt, wenn der Botafumeiro, das über einen Zentner schwere Weihrauchgefäß, von den Messdienern an einem langen Seil hoch hinauf und über die Köpfe der Pilger hinweg geschwungen wird. Heute fand dieses Procedere nicht statt.

Das Santiago von heute ist sehr facettenhaft. Einerseits ist es ein religiöses Zentrum und beherbergt bedeutende Kunstschätze, andererseits ist es auch eine lebendige Universitätsstadt mit regem Nachtleben. Von der Südseite der Kathedrale gelangt man über die Rúa do Vilar in die Altstadt. Die gesamte Altstadt ist eine Flaniermeile für Touristen und Einheimische. Ein wahrhaft zahlreiches Angebot von Meeresfrüchten aller Art, von den Decken hängenden Schinken und Würsten ist hier zu finden.

Im Gewühl der Altstadt traf ich einen der Pilger wieder, die mir am Vortag bei der Ankunft geholfen und mich versorgt hatten. Das heutige Abendessen nahm ich in der Casa Bierzo Enxebre ein. Im Reiseführer wurde auf dieses Lokal und vor allem auf die reichhaltigen und schmackhaften Portionen hingewiesen. Neben einer leckeren Vorspeise servierte man mir anschließend ein ca. 800-Gramm-Rumpsteak zuzüglich Beilagen. Trotz des enormen Kalorienverlustes der vergangenen Tage gelang es mir nicht, diese Menge zu verzehren. Nach einem Absacker in einer der unzähligen Bars bin ich gegen 23.00 ins Hotel zurückgekehrt.

Wetter: morgens leicht bedeckt, im Laufe des Tages sonniger und wärmer, ca. 23 Grad.

CAPITULUM hujus Almae Apostolicae et Metropolitanae Ecclesiae Compostellanae sigilli Altaris Beati Jacobi Apostoli custos, ut omnibus Fidelibus et Peregrinis ex toto terrarum Orbe, devotionis affectu vel voti causa, ad limina Apostoli Nostri Hispaniarum Patroni ac Tutelaris **SANCTI JACOBI** convenientibus, authenticas visitationis litteras expediat, omnibus et singulis praesentes inspecturis, notum facit: Dom Vilfridum Mast hoc sacratissimum Templum pietatis causa devote visitasse. In quorum fidem praesentes litteras, sigillo ejusdem Sanctae Ecclesiae munitas, ei confero.

Datum Compostellae die 9 mensis Maii anno Dni 2009.

Canonicus Deputatus pro Peregrinis

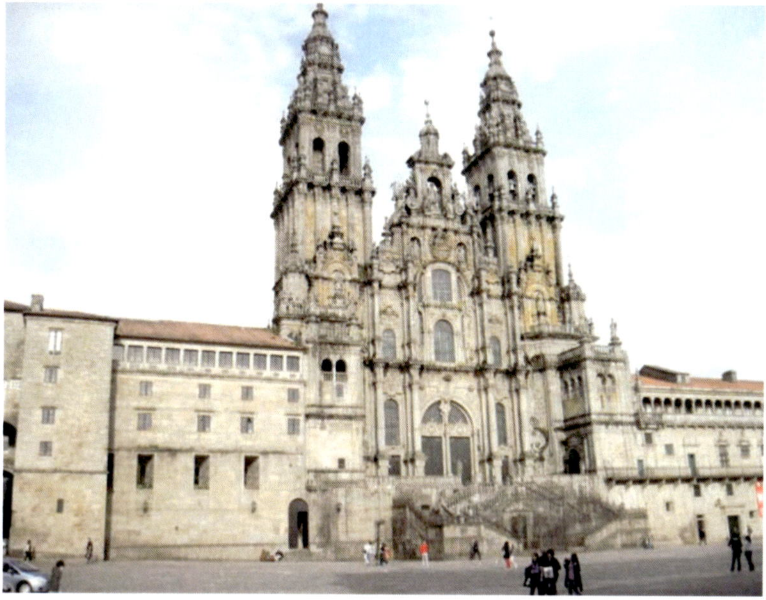

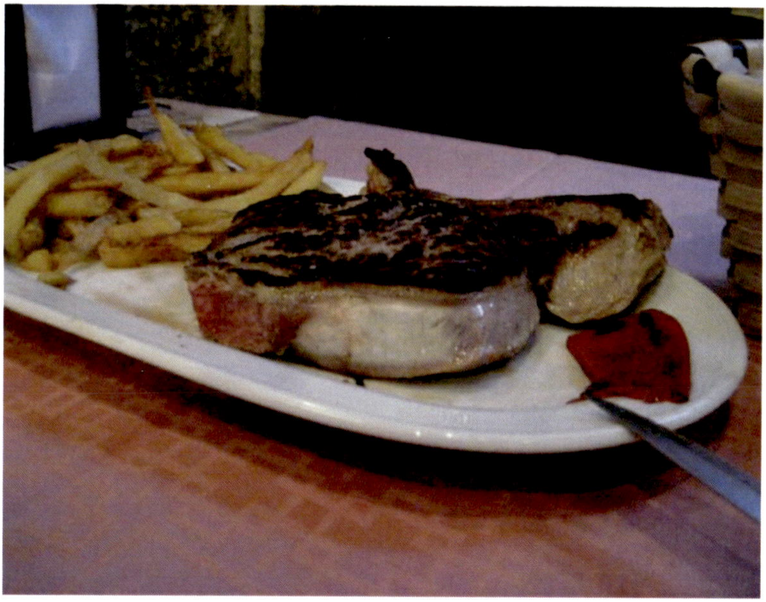

14. Etappe – Sa., 10.5.2009   70 km

Santiago – Rois – Pontecesures – Vilagarcía de Arousa – Meaño – Pontevedra

Beim ausgiebigen Frühstücksbuffet habe ich mich entschlossen, bis Pontevedra nicht mit dem Zug, das war mein ursprünglicher Plan, sondern mit dem Fahrrad weiterzufahren. Zum einem hatte ich genügend Zeit und zum anderen verfügte ich noch über eine ausreichende Kondition und ein Blick in mein Kartenmaterial versprach weniger und nicht mehr so steile Anstiege wie in den Tagen zuvor. So startete ich bei milden Temperaturen und befuhr nun den portugiesischen Jakobsweg in Richtung Süden. Von Santiago an ging es nun ca. 25 Kilometer bergab und ich hatte somit ein sehr angehmes Fahrgefühl. Plötzlich überholten mich mehr und mehr Busse, Lieferwagen und Pkws. Den Grund für den zunehmenden Verkehr habe ich im nächsten Ort, der Kleinstadt Vilagarcía de Arousa, erfahren. Hier fand ein Marktfest statt; der Marktplatz war voller Menschen und Musikkapellen entfachten einen Höllenlärm. An den Ständen und Buden wurden massenweise Schinken, Würste jeder Art, Käse, Brotwaren, Obst, Gemüse, Wein sowie Bekleidungsartikel und Souvenirs präsentiert. Hinter Vilagarcía führte die Straße dann doch ständig bergauf und bergab, jedoch konnte ich die Anstiege alle fahrend bewältigen. Ca. zehn Kilometer vor Pontevedra machte ich in einer kleinen Bar Rast, um eine Kleinigkeit zu essen. Dort kam ich mit einem Spanier ins Gespräch; die Unterhaltung fand in deutscher Sprache statt und es stellte sich heraus, dass er auch der italienischen, französischen, englischen und griechischen Sprache mächtig war. Er lebte bis vor Kurzem in Madrid und war Professor für Sprach- und Wirtschaftswissenschaften. Das Leben in Madrid war ihm zu hektisch und unpersönlich geworden, so dass er seinen Ruhestand in seiner alten Heimat in Galicien verbringen wollte. Er lud mich zu einem zweiten und dritten Bier ein und wir hatten eine wunderbare Unterhaltung. Wir stellten fest, dass wir dasselbe Geburtsjahr hatten, und er zollte mir großen Respekt hinsichtlich der inzwischen zurückgelegten Strecke.

Gegen 16.00 bin ich in Pontevedra angekommen. Die Landschaft an der Atlantikküste Galiciens ist vergleichbar mit der des Allgäu. Sanfte Hügel, eine sattgrüne Umwelt, Obst- und Weinanbau prägen diese Region. Über die imposante Brücke des Río Lerez erreichte ich die Innenstadt. Hier, kurz vor der Mündung in den Atlantik, ist der Río Lerez ebenso breit wie die Elbe in Hamburg. Im Wasser des Flusses entdeckte ich Mengen von Kabeljaus, die, aus dem Atlantik kommend, den Fluss hinaufzogen. Zunächst fand ich keine Unterkunft, aber nach längerem Suchen entdeckte ich in der Fußgängerzone ein ansprechendes Hotel. Nachdem ich mich frisch gemacht hatte, unternahm ich einen Stadtrundgang. Dieser führte mich bis in den nächsten Ort nach Marín, wo ich den offenen Atlantik sehen konnte. Hier setzte ganz plötzlich heftiger Regen ein und ich musste unter eine vor mir liegende Brücke flüchten. So schnell wie der Regenguss kam, hörte er auch bald wieder auf und ich konnte meinen Spaziergang fortsetzen. Der Ort selbst war aber recht trostlos und so nahm ich mir ein Taxi und fuhr zurück.

In Pontevedra habe ich dann ein sehr gutes Restaurant und einen äußerst freundlichen Wirt gefunden. Die Frau des Wirts war Köchin und hat mir ein leckeres Fischgericht zubereitet.

Nach einem Smalltalk mit dem Wirt und einem von ihm spendierten Schnaps bin ich gegen 22.30 ins Hotel zurückgekehrt.

Wetter: bis mittags wolkenlos und warm, danach bewölkt, ab 17.00 wieder warm, gegen 20.00 setzte Regen ein.

Aufenthalt – Mo., 11.5.2009

Pontevedra und Umgebung

Bei der Planung meiner Reise über den Jakobsweg kam mir der Gedanke, meinen langjährigen Kunden Ramón Guevara in der Nähe von Pontevedra zu besuchen. Er war vor zweieinhalb Jahren in Flensburg mit einem Lkw aufgebrochen, beladen mit einem Minibagger, Flaschenzügen, Werkzeug aller Art, Baumaterialien und sonstigem Zubehör, und wollte eine in der Einsamkeit Galiciens erworbene Finca umbauen, renovieren und erweitern. Mein Eintreffen hatten wir bereits telefonisch Anfang April abgestimmt und so rief ich ihn nach dem Frühstück an, um das Treffen abzustimmen. Gegen 11.00 trafen seine Frau und er im Hotel ein und es folgte eine herzliche Begrüßung. Auf Grund unserer langjährigen gegenseitigen Wertschätzung schlug ich vor, uns von nun an per Du anzureden.
Unmittelbar danach starteten wir und fuhren über die Berge nach Ponte Caldelas, etwa zehn Kilometer östlich von Pontevedra gelegen. Zunächst gingen wir in den örtlichen Lebensmittelmarkt und tätigten Einkäufe. Dann fuhren wir in das Tal eines kleinen, aber lebhaften Flusses, eine wahre Touristenattraktion. Hier befanden sich Rastplätze und mehrere Badestellen und am Ufer sowie im Fluss selbst eine große Anzahl Angler, die im glasklaren Wasser Forellen fischten. Überdeckt und eingebettet war dieses Touristenrefugium in einen riesigen und dichten Laubwald. Anschließend fuhren wir auf einer kurvenreichen und schmalen Straße hinauf in die Berge und gelangten kurze Zeit später zur sogenannten Finca der Familie Guevara. Auf einem 5000 Quadratmeter großen Grundstück

hatte Ramón ein Gebäude erworben, das eher einem restlos zerfallenen Ziegenstall ähnelte. Die Reste und Außenwände waren unter Denkmalschutz gestellt und mussten im Rahmen eines Wiederaufbaus erhalten bleiben. Mit ungewohnter argentinischer Mentalität und deutscher Starrköpfigkeit gelang es ihm, den örtlichen Bürgermeister davon zu überzeugen, ihm eine Baugenehmigung zu erteilen. Inzwischen ist aus dieser von mir bezeichneten Ziegenstallruine etwas geworden, das zwar immer noch wie eine Baustelle aussieht, aber schon wohnliche Aspekte erkennen lässt.

Elektro- und Sanitärinstallation, Maurer- und Fliesenarbeiten, Fenster- und Türeinbauten, Außenmauer- und Zaunerstellung sind in einer Sorgfältigkeit und Präzision ausgeführt worden, die mich staunend und voller Bewunderung zu der Frage veranlassten: „Ich bin sprachlos, welche Ausbildung liegt vor, welchen Beruf hast du erlernt?" „Ich bin ein Kind der Straßen von Buenos Aires, habe nichts anders gelernt als mich zu behaupten, durchzusetzen", war seine Antwort.

Er war vor etwa 25 Jahren nach Flensburg gekommen und hatte zunächst für einen Immobilienmakler alte Häuser und Wohnungen renoviert und umgebaut. Auf diese Weise hatte er gelernt, alle erforderlichen handwerklichen Tätigkeiten selbst ausführen zu können. Dabei war er auf die Idee gekommen, selbst alte und baufällige Objekte zu erwerben, umzubauen und zu renovieren und sie anschließend mit Gewinn wieder zu veräußern.

Bevor wir zu einer Fahrt durch das südliche Galicien aufbrachen, haben wir uns mit den zuvor gekauften Lebensmitteln gestärkt. Vor dem Haus musste ich mir noch ein dort befindliches offenes Motorboot mit großem Außenbordmotor ansehen. Geschützt durch einen Neoprenanzug und mit einer Harpune in den Händen stieg Ramón hin und wieder in den Atlantik zum Fischfang, besser gesagt zur Fischjagd. Die Dimension der meisten Atlantikfische übersteigt doch die mir bekannten der Ost- und Nordsee erheblich. Den Fang tauscht er dann teilweise bei der einheimischen Bevölkerung gegen Schinken, Wurst, Brot, Käse und Wein.

Gegen 14.00 fuhren wir dann über Vigo nach Baiona an den offenen Atlantik. In der Ría de Vigo, Buchten ähnlich den norwegischen Fjorden, befinden sich zahlreiche hölzerne Plattformen, von denen aus Muscheln und Austern geerntet werden. In Baiona angekommen, entdeckte ich in der Nähe des Strandes das Haus eines Flensburger Kunden spanischen Ursprungs. Ich hatte es anhand mir bekannter Fotos wiedererkannt. Dann machten wir einen Spaziergang auf dem meerumspülten Mauerring des Castillo de Monte Real. Hier genossen wir einerseits die imposante Aussicht auf den Atlantik und andererseits das Panorama der Altstadt von Baiona. Unser heutiger Ausflug endete in meinem Hotel, wo wir noch einige Tapas mit galicischem Weißwein herunterspülten.

So ging ein unvergesslicher Tag zu Ende, der durch die herzliche Gastfreundschaft von Liane und Ramón abgerundet wurde.

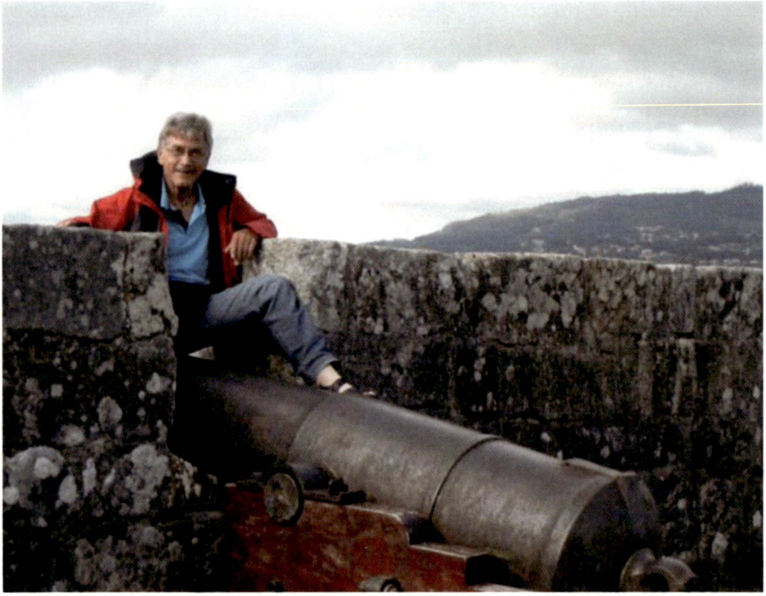

15. Etappe – Di., 12.5.2009   80 km

Pontevedra – Vigo – O Porriño – Tui – Valença – Vila Nova de Cerveira – Caminha – Vila Praia de Âncora

Gegen 06.00 wurde ich durch starken Regen wach. Er prasselte sehr heftig gegen das Fenster und auf das Straßenpflaster. Daher beschloss ich, diesen Tag ruhig angehen zu lassen, drehte mich auf die Seite und habe bis 08.30 weitergeschlafen. Nach dem wiederum spartanischen Frühstück habe ich mich in Regenkleidung gehüllt und bin zum Bahnhof gefahren. Hier habe ich eine Fahrkarte nach Vigo gekauft und bin dort um 12.15 angekommen. Inzwischen hatte der Regen aufgehört und ich habe mich auf steiler Straße in die hoch gelegene Innenstadt begeben. Während einer Pause in einem Café habe ich mich mittels einer Landkarte über die weitere Route informiert. Nach einigen vergeblichen Versuchen hatte ich gegen 13.00 endlich die entsprechende Ausfahrt Richtung Portugal gefunden. Da es sich bei dieser Ausfahrt um eine vierspurige Schnellstraße gehandelt hat, habe ich einen zufällig vorbeikommenden Polizisten gefragt, ob es die richtige Fahrradverbindung zum Grenzübergang sei. Ich erhielt seine Bestätigung und Genehmigung und fuhr nun ca. acht Kilometer ständig bergauf. Ich befuhr diese sehr stark befahrene Straße auf der Standspur und stellte fest, dass ich bei den zahlreichen Ausfahrten in etliche gefährliche Situationen geriet. Da ich geradeaus fuhr, musste ich mich vor jeder Ausfahrt nach hinten orientieren, denn die ausfahrenden Fahrzeuge bogen mit hoher Geschwindigkeit ab. Da es anschließend ebenso wieder ca. acht Kilometer mit hoher Geschwindigkeit bergab ging, waren die abbiegenden Fahrzeuge nunmehr noch schwieriger zu beobachten und so musste ich auf diesem Streckenabschnitt hochkonzentriert sein. Nun ging es ca. 40 Kilometer durch einen relativ öden Landstrich und eine industriell geprägte Gegend zur portugiesischen Grenze. Kurz davor überquerte ich den Río Miño; diesen Fluß kannte ich bereits, denn ich hatte ihn am 07.05.09 in Portomarín überwunden. Kurz hinter der Grenze erreichte ich den ersten portugiesischen Ort namens Valença. Am Ortsende habe ich in einem kleinen landestypischen Restaurant eine Imbisspause eingelegt. Anschließend bin ich am Ufer des Río Miño bis Vila Praia de Âncora gefahren. Gegen 20.00 erreichte hier den offenen Atlantik und habe nach kurzem Suchen ein gutes und preiswertes Hotel gefunden. Nach dem notwendigen Duschritual habe ich einen Rundgang durch den Ort gemacht und dabei festgestellt, dass es sich um einen modernen Badeort handelte. Der Ort war durch einen langen Sandstrand, Hotels und Ferienappartements entlang der Promenade geprägt.

Nachdem ich in einem kleinen Restaurant sehr gut gegessen hatte, bin ich gegen 22.00 ins Hotel zurückgegangen.

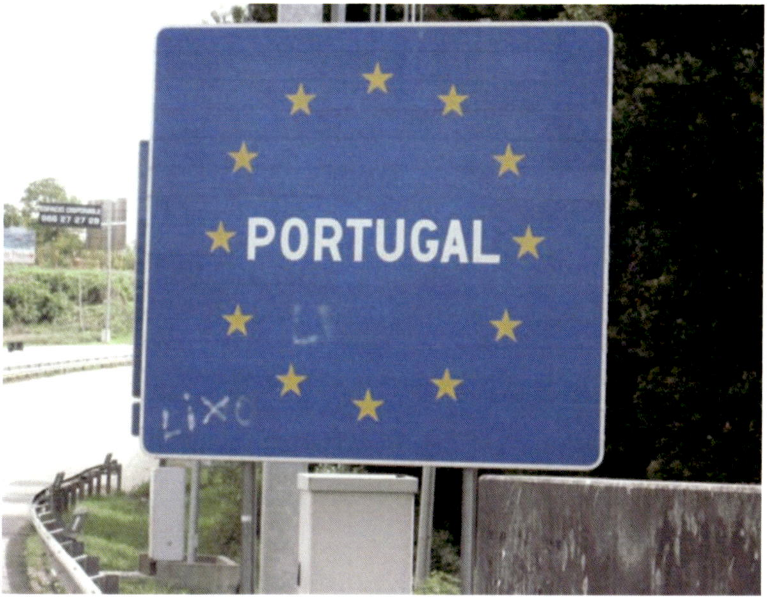
PORTUGAL
Lixo

16. Etappe – Mi., 13.5.2009   83 km

Vila Praia de Âncora – Carrego – Anka – Alvarades – Esposende – Apúlia – Estela – Póvoa de Varzim

Heute Morgen bin ich nach einem guten, vielseitigen und schmackhaften Frühstücksbuffet gegen 10.00 gestartet. Bei bewölktem Himmel bin ich nun auf Wegen und kleinen Straßen am Atlantik weitergefahren. Kurz vor Viana do Castelo kamen dunkle Wolken auf und es begann zu regnen. In Viana do Castelo habe ich am Hafen eine kurze Rast eingelegt und anschließend den Hafen und einen in der Nähe gelegenen Stadtteil besichtigt. Es gab keine Besonderheiten und Bauwerke zu sehen, aber das geschäftige Treiben der einheimischen Bevölkerung war interessant. Danach bin ich auf einer langen und schmalen Brücke über den Río Lima gefahren und kam dann wieder über kleine Landstraßen an den Atlantik. In den folgenden Ortschaften, überwiegend kleinen Fischerdörfern, umgaben mich nun üppige Blumenfelder und -gärten; ich musste die bunte Vielfalt einfach ständig fotografieren. Auf der Weiterfahrt kamen mir zwei Radfahrer entgegen; sie kamen aus Deutschland und waren nicht sehr gesprächsbereit. Ich konnte aber aus ihnen herauslocken, dass sie auf dem Weg von Faro nach Santiago de Compostela waren. Kurz danach habe ich einen Kanadier und seine französische Freundin getroffen; sie kamen aus Malaga und wollten ebenfalls bis Santiago de Compostela fahren. Gegen 17.00 zogen sehr dunkle und bedrohliche Wolken auf, aber es blieb trocken. Dann tauchten unterhalb der mich ständig auf der linken Seite begleitenden sanften Hügelkette viele Hochhäuser auf und ich erreichte kurz vor

20.00 Póvoa de Varzim. Hier hatte ich einen ganz modernen Badeort mit großem Flair angetroffen. Im Ort habe ich zunächst nur teuere Hotels der internationalen Ketten entdeckt, aber dann in einer Nebenstraße ein ansprechendes, preiswertes Hotel gefunden. Nachdem ich die inzwischen zur Gewohnheit gewordene Etappendusche genossen hatte, bin ich noch einmal durch die Stadt bis zum Strand und bei starkem Regen wieder zurück ins Hotel gegangen. Heute habe ich auf ein Abendessen im Restaurant verzichtet und meinen Proviant im Zimmer zu mir genommen.

17. Etappe – Do., 14.5.2009   57 km

*Póvoa de Varzim – Vila do Conde – Vilar de Pinhairo – Matosinhos
– Porto*

Seit den Übernachtungen in Portugal habe ich festgestellt, dass sich das Frühstück in den hiesigen Hotels vom spanischen doch erheblich unterscheidet; es entspricht nahezu dem gewohnten zu Hause. Heute Morgen bin ich gegen 10.00 losgefahren und entdeckte dunkle Wolken, die sich von Norden näherten. Nachdem ich auf der Strandpromenade angekommen war, fuhr ich etwa zehn Kilometer Richtung Süden auf dieser entlang und konnte erfreulicherweise feststellen, dass sich die Wolken zusehends auflösten und die Sonne durchkam. Rechts von der Promenade befand sich ein langer gelber Sandstrand, dahinter der Atlantik; die linke Seite war mit Appartements, Hotels, Pensionen und Restaurants bebaut. Eine derartig dimensionierte See- und Strandpromenade hatte ich bisher nirgends gesehen. Infolge des inzwischen stärker gewordenen Rückenwinds brauchte ich kaum zu treten. In Vila do Conde endete die Promenade und ich musste in den Ort hineinfahren. Hier machte ich eine Pause und besichtigte anschließend das Hafengelände. Dann ging es über eine lange Brücke wieder Richtung Atlantik und danach durch viele kleine Bade- und Fischerorte weiter Richtung Porto. Nun bin ich eine Zeitlang auf einem Holzplankenweg, der eigentlich nur Fußgängern vorbehalten war, weitergefahren. Doch plötzlich endete dieser mitten in den steilen Dünen, und ich musste einen schmalen, unwegsamen Pfad bezwingen. Kurz danach erreichte ich Matosinhos, einen Vorort von Porto. Hier entdeckte ich dann relativ schnell die Ausschilderung Richtung Flughafen. Plötzlich fand ich mich nur von Schnellstraßen umgeben, auf denen Radfahren nicht erlaubt war. Nach Befragung eines Fußgängers fand ich den richtigen Weg zum Flughafen, den ich dann auch relativ schnell erreichte. Im Flughafen angekommen, erkundigte ich mich am Schalter meiner Fluggesellschaft nach dem Kauf eines Fahrradkartons. Einen solchen konnte ich hier nicht bekommen und man verwies mich an den Schalter der Flughafeninformation. Hier angekommen erhielt ich die Antwort, dass man kein Verpackungsmaterial für Fahrräder kenne, und schickte mich zu einem Spezialschalter meiner Fluggesellschaft. Die dort anwesende Dame erklärte mir, dass man in Portugal 20 Jahre hinter der normalen Zeit sei, und gab mir den Tipp, es doch einmal im Intermarché-Markt am Ortsende zu versuchen. Zunächst habe ich ein Hotel gesucht und bin gleich gegenüber des Flughafens fündig geworden. Anschließend bin ich in den Ort gefahren und habe nach mehrmaligem Fragen den genannten Supermarkt gefunden. Allerdings konnte ich hier keine Fahrradverpackung finden, aber immerhin Klebeband. In einer Ecke des Markts entdeckte ich dann gebrauchte Pappen und Kartonreste und fragte eine Mitarbeiterin, ob ich mir einen Teil davon mitnehmen könne. Kopfschüttelnd erlaubte sie mir, einen Teil dieses Entsorgungsmülls mitzunehmen. Nun war ich in der Lage, mir am nächsten Vormittag aus diesen Resten eine Fahrradverpackung basteln zu können.

Um 18.00 bin ich dann mit der Metro in die Innenstadt von Porto gefahren, allerdings bin ich zu früh ausgestiegen. Durch die Hilfe einer netten jungen Frau habe ich eine Buslinie ausfindig machen können, mit der ich ins Zentrum gelangte. An der Praça da Liberdade bin ich ausgestiegen und habe die Altstadt besichtigt. Die Innen- und Altstadt von Porto hält keinem Vergleich mit den von mir zuvor besichtigten Städten Pamplona, Burgos, León und Santiago de Compostela stand. Sie macht nicht nur einen verkommenen, ärmlichen und schmutzigen Eindruck, sie ist es auch.

Aber vielleicht gibt dies alles zusammen der Stadt ein besonderes Flair. Am Ufer des Duoro angekommen entdeckte ich eine sehr lebhafte, überwiegend von Touristen bevölkerte Promenade. In einem sehr ansprechenden Lokal habe ich ein delikates Fischgericht eingenommen und bin anschließend wieder mit der Metro zum Hotel zurückgefahren. Dieses erreichte ich gegen 23.30 und sofort müde ins Bett gefallen.

Meine Fahrradtour von Biarritz über den Jakobsweg bis Porto hat somit unbeschadet, unfall- und pannenfrei ein erlebnisreiches Ende gefunden.

CARNET DE PÈLERIN DE SAINT-JACQUES

"Credencial del Peregrino"

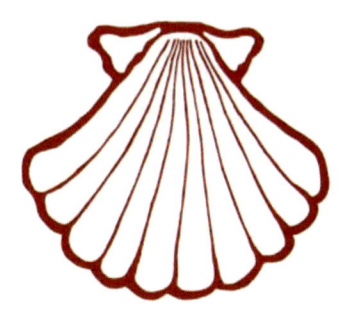

délivré par :

**Les Amis du Chemin de Saint-Jacques
Pyrénées-Atlantiques**

☆

39, rue de la Citadelle
F.64220 SAINT-JEAN-PIED-DE-PORT
Tél. 05 59 37 05 09
aucoeurduchemin.org

---

(764) Distance jusqu'à Compostelle

Camino Francés

- Monte do Gozo (3)
- Santiago de Compostela
- Arca (19)
- Arzúa (38)
- Melide (54-52)
- Palas de Rei (67-66)
- Portomarín (89)
- Ferreiros (98)
- Sarria (112-110)
- Triacastela (131)
- Cebreiro (152)
- Vega de Valcarce (165)
- Villafranca del Bierzo (180)
- Ponferrada (202-199)
- Rabanal (233)
- Astorga (254-252)
- Orbigo (269)
- León (304-300)
- Mansilla de las Mulas (320)
- El Burgo Ranero (340)
- Sahagún (357-355)
- Cervatos (383)
- Carrión de los Condes (395)
- Frómista (413)
- Castrojeriz (439-437)
- Arroyo Sambol (450)
- Burgos (481-475)
- S. Juan de Ortega (502)
- Belorado (526)
- Sto. Domingo de la Calzada (548)
- Nájera (572)
- Logroño (600-597)
- Los Arcos (627)
- Estrella (648)
- Puente la Reina (672)
- Pamplona (693)
- Roncesvalles (737)
- St-Jean-Pied-de-Port (Saint-Michel) (764)
- Monreal (700)
- Sangüesa (730)
- Artieda (764)
- Jaca
- Canfranc
- Somport
- Borce

ACCUEIL ST-JACQUES
39, rue de la Citadelle
Saint-Jean-Pied-de-Port
☎ 05 59 37 05 09

Epilog

Diese Fahrradtour über den Jakobsweg kann ich immer noch nicht vergessen – ich bin noch nicht wieder angekommen.
Die unterschiedlichen Landschaften, von bizarr bis sanft, die Vegetation und Einöde werden mir stets in Erinnerung bleiben. Ich habe dabei liebe Menschen getroffen und kennengelernt, die meisten friedlich, positiv und fröhlich, Menschen aus allen Kontinenten.
In den Phasen der größten körperlichen und mentalen Anstrengung habe ich die Nähe meiner verstorbenen Frau wieder gespürt.
Ein großartiges Erlebnis hatte ich in einem kleinen Ort zwischen Portomarín und Santiago. Gegen Abend fuhr ich die Dorfstraße hinauf. Körperlich gezeichnet bemerkte ich einige alte Männer, die, als sie mich erblickten, von ihren Bänken aufstanden und applaudierten. Einen größeren Respekt kann man eigentlich nicht erfahren.
Ich kann allen Politikern und Machthabern ans Herz legen, diesen Weg einmal zu beschreiten – es würde keinen Neid, keine Missgunst, geschweige denn Kriege geben.
Mein erster Weg, als ich wieder zu Haus angekommen bin, führte zu meinen Freunden Erika und Jörg. Wir fielen uns in die Arme und ich erhielt ein Geschenk von Erika, welches sie von meiner Frau kurz vor ihrem Tod bekommen hatte. Ich danke euch beiden für eine wahre Freundschaft.

Buen camino!